日本の司法福祉の源流をたずねて 3

ひしがれたる者の呻き

原　胤昭――著

慧文社

シリーズ「日本の司法福祉の源流をたずねて」刊行にあたって

近年、体感治安の悪化により、いわゆる刑罰の「厳罰化」を求める声も大きくなっている。少年法も適用年齢引き下げの議論が行われている。しかし、一般刑法犯検挙人員中の再犯者の占める割合（再犯者率）は、年々高まり、平成二六年では四七・一％となっている。これは一度罪を犯すと立ち直るのが難しいということを物語っている。社会に「居場所」と「出番」がなく、そうかといって福祉サービスを十分に受けられないために、犯罪を繰り返しては刑事施設の中で生活する人も多い。日本の犯罪率と再犯率を下げるためにも司法福祉の充実が急務である。これからの日本の司法福祉はどうあるべきか。それについて考えるために、その源流を再確認することは重要である。先人たちの名著をひもとくことによって、現在の問題と、これから進むべき道がより深く見えてくるに違いない。

慧文社

改訂版刊行にあたって

一、本書は一九二八年に発行された原胤昭（著）『ひしがれたる者の呻き』（出版者：原胤昭）を底本として、編集・改訂を加えたものである。

一、原本における明らかな誤植、不統一等は、これを改めた。

一、原本の趣を極力尊重しながらも、現代の読者の便を図って以下の原則に従って現代通行のものに改めた。

i　本文および引用の「旧字・旧仮名」は原則として「新字・新仮名」にに改めた。（例：畫→画、いふ→いう、等）。また、条文や詔、戸籍などを除き、送り仮名は平仮名に統一した。

ii　本文および散文の引用の踊り字は「々」のみを使用し、他のものは使用しない表記に改めた。

iii　本文および散文の引用の送り仮名や句読点は、読みやすさを考えて適宜取捨した。

iv　本文および散文の引用の難読と思われる語句や、副詞・接続詞等の漢字表記は、ルビを付すか、一部かな表記に改めた。

v　圏点は煩雑さを除くため、ゴマに統一した。

慧文社

序にかえて

天下無罪の域に被遊度候間是迄有罪不可容者と雖も朝敵を除く之外一切大赦被仰出候

右は

明治大帝

が普天《ふてん》の下、率土《そっと》の浜《ひん》、悉《ことごと》く無罪清浄の域たらしむべく御発詔あらせられたる一節である。

然るに帝国臣民これを拝誦《はいしょう》して深厚なる皇恩に感泣してより、ここに六十年、今また炳乎《へいこ》たる新日本の歴史の蔭《かげ》に埋もるる幾百万の前科者《ぜんかもの》を持つに至ったことは、誠に慚愧《ざんき》に堪えない所である。

されど曩《さき》に憲法発布の大典を紀念《きねん》すべく、畏《かしこ》くも大赦仰出《おおせいだ》され、次いで

英照皇太后

明治天皇

昭憲皇太后

御大喪《ごたいそう》に遭遇して恩赦の御発令あり。罪囚の依りて特赦、減刑の恩典を授けられたる者幾万。更に

大正天皇

御登遐《ごとうか》に際しては特赦減刑及び復権の御施行あり。よって前科に泣く幾十万の民草《たみぐさ》をして、社会逼塞《ひっそく》の中より甦生《そせい》せしめ給いし皇恩の遍照無辺《へんじょうむへん》なる、実に有難き極みである。

司法当局またこれら前科者の保護教導に意を注ぎ、特に復権の恩典に浴したる者の身分証明に当たりては、総べて前科に関する事項の記載を差し止め、以て彼らの就職、婚嫁《こんか》等に累《るい》を及ぼすなからんことを期し、最近十年間にして三度その励行《れいこう》に関する訓令を発して居る。

これに依りて永年前科者として社会の指弾《しだん》迫害に苦悩せし民草は、ようやく冷酷なる差別待遇の深淵より浮かび出で、遂に白日の下に生くる途《みち》が開かれたのである。

然るに復権に依りては、前科者は唯だその法律上の権利を回復するに止《とど》まり、刑の言い渡しの効力を失わざるに依り、彼らは依然前科者として犯罪人名簿上にその痕跡を止め、しかのみならず昭和二年の復権恩赦に与らざりし拘留及び科料の刑に処せられたる者も、また犯罪人名簿上に明記せられて、とこしえに前科者としての迫害を受けなければならないのは甚だしき矛盾と云わざるを得ない。のみならず犯罪人名簿は幾多の不備不完を指摘し得る粗雑極まるものであって、到底公簿として権威を保持し難きものである。斯《か》かる公簿に登録することに依りて、なおも彼ら改善前科者の憂慮を醸《かも》し、死して後《のち》なお追窮《ついきゅう》し汚名をとこしえに伝えしめんとする。これを無情と云わずしてまた何を云わん。

明治大帝が天下無罪の域にと詔されし御聖旨は、果たして何時の世に達せらるるであろうか。悔いざるにあらず、改まらざるにはあらざるを、国はなどて斯くいつまでもその辱《はずかし》めの鞭《むち》を弛《ゆる》めざるのであるか。私は泣いて為政者の三省を希《ねが》わざるを得ない。

これを往時の政事に見る。徳川幕府は罪を罰することすこぶる苛酷であったが、その赦免は誠に寛容徹底し、その発令また慶凶いずれの際にも行われた。故に罪囚は上の凶事を傷《いた》み悲しむ心深かったと共に、心からその慶事を喜び祝うたものであった。

明治元年大赦の御詔書は

明治大帝

御元服の御祝儀に際して煥発《かんぱつ》され、一切の罪囚赦免のかたじけなき前例を遺し給うたのであった。

畏くも今秋は

今上天皇陛下

御即位の式を挙げさせ給うのである。天下の蒼生《そうせい》等しく皇室の万歳を寿《ことほ》がざるはない。この際に当たり前科大赦の御施行を遊ばれ、以て前科の差別に泣きつつも改過遷善《かいかせんぜん》の実を挙げたる民を赦免し、その苦悩を救い給わんこと、独り我ら釈放者保護の業に携わる者の祈願たるのみならず、また等しく天下万民の希うてやまざる処である。

昭和三年十月一日

余が筆禍《ひっか》繋獄《けいごく》の記念日に

原　胤昭

目次

九　身分証明の行路難

［附録］

一　緒　言

惟《おもんみ》るに明治天皇、朝政を新たにし、帝国の覇を四海に伸べ給うや、蒼生《そうせい》は漏るる者なく身を清め心を浄《あら》うて新政を迎え、聖旨《せいし》を奉戴《ほうたい》し、新日本建設の偉業に従うこと、ここに六十年、遂《つい》に世界三大強国の一として赫々《かくかく》たる国威を輝かすに到った。今や叡聖文武《えいせいぶんぶ》におわしまし、崇高の政道を布き給う。今上天皇陛下御即位の大典を行わせらるる錦秋《きんしゅう》を迎え、更に心を新たにして聖旨を奉戴し、これを千載に紀念すべき幸あり栄あるものとせんことは、我が大和民族の血統に集まる同胞の普《あまね》き念願である。

仄《ほのか》に聞く、その大典に当たり、慶福《けいふく》を汎《ひろ》く衆《しゅう》に頒《わか》たん為め、罪囚赦免《ざいしゅうしゃめん》の御議あらんと。殊《こと》に巷間《こうかん》伝うる所に依れば、その範囲また特に広汎《こうはん》たるべしと云う。あるいはこの機会に臨み、不肖胤昭多年念願する**「前科の大赦」**即ち過去に罪科を犯して既に法定の刑罰を畢《お》え、ひたすらに遷善《せんげん》の途《みち》を辿りつつある、いわゆる改善前科者の縄縛《じょうばく》をも赦免せらるるにあらざるやと、冀待《きたい》し奉るのである。

謹んで按《あん》ずるに、去《さ》んぬる明治元年戊辰正月十五日、明治天皇御元服の大礼御挙行の際、自らの罪科にあえぎ泣く可憐の民庶《みんしょ》に下し賜いし大赦の勅詔《ちょくしょう》は、既往現在一切の罪科を赦し給うて、天下再び罪囚を見ざるべき聖旨にあらせられたのであった。

今上天皇陛下御大典に際し、再び前科恩赦の慈悲を垂示《すいし》し、聖旨を周辺に布かせらるるは独り博愛《はくあい》至仁《ちじん》の栄光に輝きあらしむるのみならず、従来の施政に於いてやむなく倶発《ぐはつ》せる間隙を塡《うず》め、以て昭和聖代の光輝を一層発揚せしむる処あらせらるるには無二の好機たるを進言し奉らんと欲するのである。

不肖胤昭、過去五十年間刑余免囚を保護し、彼らの知となり友となり僕《しもべ》となって、審《つまび》らかに表裏《ひょうり》を尽くし、明暗に徹するを得たことを確信する。

語らんと欲して述べ得ざるその苦衷《くちゅう》や、実に察するもなお及ばざるもの多々あるを思う時、到底その現在と将来とを黙殺するに忍びない。ここに暫く改善前科者に代わって差別待遇の悲哀に悩める実状を語らんと欲するのである。

恐らくは彼らが斯くまで深刻なる苦悩に苛《さいな》まれつつある実際を、世上多くの諸彦《しょけん》の気付かざるべきを察するが故と、更に恩赦の聖旨の弘大なるかたじけなさをこの可憐同胞に聞知《ぶんち》せしめんと欲するが故である。

己が罪過を悔やむ途を欲せざる者はやむ。然《しか》れど衷《うち》に自らの罪劫《ざいごう》を悲しみ、外に前科者たる荊冠《けいかん》を頂きて世の嗤嘲《しちょう》に泣きつつある多数の改善前科者の現状は、後より来る者の逡巡《しゅんじゅん》を招くを惧《おそ》る。もし彼らにして自暴自棄に陥るあらんか。行刑の制度如何に完備せりといえども、再び度《ど》し得ざるに至るやも知れないことを思う時、如何にもあれ昭和聖帝の御仁愛に縋《すが》って、この念願を果たさんと欲《おも》う者である。

二　前科者の総数

前科者《ぜんかもの》とは、明治元年の維新大赦御執行以後、昭和三年の今日に至るまでの受刑者悉《ことごと》くを指すものである。されば過去六十年間にはその数累積してどれ程に達したであろうか。軽微な僅《わず》か一円の科料罰金も、五日十日の拘留、懲役、禁錮の刑から、六年以上の懲役または禁錮ないし、無期徒刑、流刑、懲役終身の者といえども悉く前科者の中に加えられるのである。私はまずこの数の正確なるものを知りたいと、司法省を始めとして各方面に渉《わた》って尋ねて廻ったが、遂に要領を得ずにしまった。もっとも政府ではちょうど馬の尻っぺたへ牧場の烙印《やきいん》を捺《お》すように、一旦刑の執行を了《お》えたものは、前科の登記簿である戸籍役場備え付けの犯罪人名簿へ、その罪刑名氏名を登録してそれで御用済みとするのだから、その総員数、殊に明治初年の昔からの人数まで統計してある筈《はず》もない理由である。

しかし近年のものは無論正確に統計されてある。最近のものとして昭和三年発行の第二十八行刑統計要旨に依ればば大正十五年の受刑者として左の数字が掲げられてある。

刑法犯　　二三、一八二人

特別法犯　　六、四〇一人

合計　　二九、五八三人

試みにこの員数が一ヶ年の前科者平均数に近いものと仮定して、これに六十ヶ年を乗ずれば、およそこんな数字が出て来る。

壱百七十七万六千五百八十人

もっとも明治初年と大正十五年とでは著しい人口の増加があり、またその時代の社会状態や、法の粗密、その運用の手心等に依って、毎年の受刑者の数に増減あるは当然のことであるから、この数字を以て全般を推すは誤っては居るのではあるが、これより死亡を減《げん》じ（私の多年の経験より見て、斯かる犯罪生活に在った者は比較的早死が多いものであるらしい）且つこの受刑者中でも大赦と特別特赦になった者は刑の言い渡しの効力を消されて前科の痕跡は無くなって居るのであるから、この総数から除《のぞ》かれるものとして、（しかし普通の特赦ではやはり前科者である）兎に角いくら差し引きをつけても、我が国民中に前科者の数はかなりなものであるに間違いはない。

一般としての常識から判断すれば、明治維新大赦後にもしばしば恩赦が行われて居るので、これら前科者の大部分は既に赦免になったであろうから、今更斯かる苦悩に沈倫《ちんりん》せる前科者はそんなに無い筈であると考える人もあろう。なるほど過去に於いてしばしば取り行わせられた大赦特赦の恩典に浴した者はかなりな数に達しているであろう。しかしその中政治犯に係る大赦、即ち憲法発布の大赦の如きものや、その他特別なる犯由《はんゆう》に依る特別特赦等は極めて少数であったし、明治天皇・大正天皇御大喪に際しての大赦令は、受刑者中最も多数を占めて居る破廉恥罪、即ち強窃盗罪者《ごうせっとうざいしゃ》には適用せられなかった。なお呼び声高く伺った英照・昭憲両皇太后御大喪の恩赦は減刑であったから、刑期が短縮され、囚人の在監日数と監獄費は減じたが、一般刑余者の身上には何ら浴恩《よくおん》はなかったのであった。

三　恩　赦

明治大正両御治世には五度の恩赦が行わせられた。左の如くである。

1　朝政御一新の大赦

明治元戊辰年正月十五日　第三十二御布告　（参与役所）

今般　朝政御一新ノ御場合今十五日　御元服ノ　御大礼被為行御仁恤ノ　聖慮ヲ以テ天下無罪ノ域ニ被遊度候間是迄有罪不可容者ト雖モ　朝敵ヲ除クノ外一切大赦被仰出候於国々モ不漏様施行可有之候尤向後弥以賞罰厳明ニ被遊候ニ付厚御趣意ヲ体認致シ行届候様可仕旨　御沙汰候事

2　憲法発布の大赦

明治二十二年二月十一日

朕憲法ヲ発布スルニ当リ此ノ盛典ヲ表シ恵沢ヲ施サンカ為ニ特ニ命シテ左ノ条項ニ依リ

大赦ヲ行ハシム

御名御璽

明治二十二年二月十一日

（条項略）

3　英照皇太后御大喪の減刑

詔書

朕茲ニ大喪ニ丁リ恵沢ヲ施サムカ為特ニ命シテ減刑ヲ行ハシム

御名御璽

明治三十年一月十九日

各大臣

なお同日は特に台湾に対しても同様の詔書が下された。

詔書

朕茲ニ大喪ニ丁リ恵沢ヲ施シ台湾新附ノ民ヲシテ洽ク皇化ニ霑ハシメムカ為勅令第七号ニ依リ減刑ヲ行ハシムルノ外仍左ノ勅令第八号ノ条項ニ依リ特ニ大赦ヲ行ハシム

御名御璽

明治三十年一月十九日

（条項略）

各大臣

4　明治大帝御大喪の恩赦

詔書

朕遽ニ大故ニ遭ヒ哀矜已マス前典ヲ繹ネテ恵沢ヲ遠迩ニ洽カラシメ以テ朕カ罔極ノ哀ヲ申ヘムコトヲ念ヒ特ニ有司ニ命シテ恩赦ヲ行ハムトス百僚有衆其レ朕カ意ヲ体セヨ

御名御璽

大正元年九月十三日

各大臣

（参考）

大正元年九月二十六日勅令第二十三号恩赦令（現行）参照

勅令第二十四号　大正元年九月二十六日

大赦令

第一条　大正元年七月三十日前左ニ記載シタル罪ヲ犯シタル者ハ之ヲ赦免ス

一　刑法第七十四条（皇室ニ対スル不敬罪）及第七十六条ノ罪（皇族ニ対スル不敬罪）

二　刑法第七十七条乃至第七十九条ノ罪（内乱ニ関スル罪）

三　刑法第九十条乃至第九十四条ノ罪（国交ニ関スル罪）

四　刑法第百六条及第百七条ノ罪（騒擾ノ罪）

五　明治十三年第三十六号布告刑法第百四十一条ノ罪（官吏侮辱罪）

六　陸軍刑法第二十五条、第二十六条及第三十条乃至第三十二条ノ罪（反乱ノ罪）

但シ第三十一条及第三十二条ノ罪ノ中敵国ヲ利スル目的ヲ以テ犯シタルモノヲ

除ク

七　陸軍刑法第三十五条乃至第三十九条ノ罪（擅権ノ罪）

八　陸軍刑法第五十七条乃至第五十九条ノ罪（抗命ノ罪）

九　陸軍刑法第七十三条及第七十四条ノ罪（侮辱ノ罪）

十　陸軍刑法第百三条ノ罪（政治運動ノ罪）

十一　明治十四年第六十九号布告陸軍刑法（司令官擅ニ人ヲ募リ部伍ニ充ツル罪）第七十一条及第百九条ノ罪（軍人反乱ノ罪ヲ犯サントスルモノアルヲ知リテ申告セサル罪）

十二　海軍刑法第二十条、第二十一条及第二十五条乃至第二十七条ノ罪但シ第二十六条及第二十七条ノ罪ノ中敵国ヲ利スル目的ヲ以テ罪シタルモノヲ除ク（反乱ニ関スル罪）

十三　海軍刑法第三十条乃至第三十四条ノ罪（擅権ノ罪）

十四　海軍刑法第五十五条乃至第五十七条ノ罪（抗命ノ罪）

十五　海軍刑法第七十一条及第七十二条ノ罪（侮辱罪）

十六　海軍刑法第百四条ノ罪（政治運動ノ罪）

十七　治安妨害ノ目的ヲ以テ犯シタル爆発物取締罰則ノ罪

十八　明治二十二年法律第三十四号ノ罪（決闘ニ関スル罪）

十九　保安条例違反ノ罪

二十　治安警察法違反ノ罪

二十一　新聞紙法違反ノ罪

二十二　出版法違反ノ罪

二十三　朝鮮台湾又ハ関東州ニ行ハル、法令ノ罪ニシテ前各号ニ記載シタル罪ト性質ヲ同クスルモノ

二十四　匪徒刑罰令ノ罪但シ強窃盗ノ目的ヲ以テ犯シタルモノヲ除ク

第二条　前条第一号乃至第二十三号ニ記載シタル罪ト性質ヲ同シクスル旧法ノ罪ヲ犯シタル者ハ之ヲ赦免ス

第三条　前二条ノ場合ニ於テ既ニ徴収シタル罰金、科料、没収物、追徴金、収贖金及訴公費用ハ之ヲ還付セス

附則

本令ハ公布ノ日ヨリ之ヲ施行ス

5　昭憲皇太后御大喪の減刑

勅令

朕大喪ニ丁リ恵沢ヲ施サムカ為特ニ減刑ヲ行フノ件ヲ裁可シ茲ニ之ヲ公布セシム

御名御璽

大正三年五月二十四日

各大臣

減刑施行方法に就いては大正三年五月二十四日勅令第百四号を以て公布せられた。（条文省略）

四　昭和二年の恩赦

6　大正天皇御大喪の恩赦復権

昭和に入りてより同二年二月七日、大正天皇御大喪に当たりて、左《さ》の復権令が発布せられた。

詔書

朕大故ニ遭遇シ傷悼已マス此ニ有辜ヲ矜ミ憲章ニ循ヒテ恩赦ヲ行ヒ以テ朕カ罔極ノ哀ヲ申ヘムトス百僚有衆其レ克ク朕カ意ヲ体セヨ

御名御璽

昭和二年二月七日

各大臣

復権令

第一条　罰金以上ノ刑ノ言渡ヲ受ケタルタメ資格ヲ喪失シ又ハ停止セラレタル者ニシテソノ刑ノ執行ヲ終リ又ハ執行ノ免除ヲ得タル日ヨリ昭和元年十二月二十五日ノ前日マテニ**十年以上ヲ経過シタルモノハ復権ス**但シ大正五年十二月二十五日以後ニ再ヒ罰金以上ノ刑ニ処セラレタル者ハコノ限ニアラス

第二条　十八歳未満ノ時罪ヲ犯シ死刑又ハ無期刑ニ非サル刑ニ処セラレタル者ニシテ昭和元年十二月二十五日ノ前日マテニソノ刑ノ執行ヲ終リ又ハ執行ノ免除ヲ得タルモノハソノ刑ニ処セラレタルタメ喪失シ又ハ停止セラレタル資格ニ付復権ス

附　則

本令ハ公布ノ日ヨリコレヲ施行ス

7　十年前の釈放者は悉く復権

この復権令の主旨は、手続上では何らの形式を履《ふ》まないで、直ちに大正十五年十二月二十四日より遡《さかのぼ》って十ヶ年、即ち大正五年十二月二十五日以前に、釈放された前科者を、復権せしめることになるのである。

それ故に恩赦令第九条は二月四日附を以て左の如く改正せられた。

勅令第十号　昭和二年二月四日

恩赦令中左ノ通改正ス

第九条　復権ハ刑ノ言渡ヲ受ケタル為法令ノ定ムル所ニ依リ資格ヲ喪失シ又ハ停止セラレタル者ニ対シ勅令ヲ以テ要件ヲ定メ之ヲ行ヒ又ハ特定ノ者ニツキ之ヲ行フ但シ刑ノ執行ヲ終ラサル者又ハ執行ノ免除ヲ得サル者ニ対シテハ此ノ限ニ在ラス

（以下省略）

参照　旧恩赦令

第九条　復権ハ刑ノ言渡ヲ受ケタル為法令ノ定ムル所ニ依リ資格ヲ喪失シ又ハ停止セラレタル特定ノ者ニ対シ之ヲ行フ

五　恩赦の種別とその説明

叙上《じょじょう》の如く罪囚に対してはしばしばその資格の回復に就いて大権の御発動があった。そうして一度刑務所の門をくぐった者の、最も待望して居るのは云うまでもなくこの恩典なので、彼らは自己の過去に於ける暗影《あんえい》を悔いつつ、ひたすらにその一事を待ち焦れて居るのである。ところでこの恩典を受け得た者に就いては、いかなる身分上の変化が来たされるか、ここに少し説明を加えておこう。

まず参考として恩赦令の条文を掲げる。

恩　赦　令（大正元年九月二十六日勅令第二十三号）

第一条　大赦、特赦、減刑及復権ハ本令ノ定ムル所ニ依ル

第二条　大赦ハ勅令ヲ以テ罪ノ種類ヲ定メ之ヲ行フ

第三条　大赦ハ別段ノ規定アル場合ヲ除クノ外大赦アリタル罪ニツキ左ノ効力ヲ有ス

一　刑ノ言渡ヲ受ケタル者ニ付テハ其ノ言渡ハ将来ニ向テ効力ヲ失フ

二　未タ刑ノ言渡ヲ受ケサル者ニ付テハ公訴権ハ消滅ス

第四条　特赦ハ刑ノ言渡ヲ受ケタル特定ノ者ニ対シ之ヲ行フ

第五条　特赦ハ刑ノ執行ヲ免除ス但シ特別ノ事情アルトキハ将来ニ向テ刑ノ言渡ノ効力ヲ失ハシムルコトヲ得

第六条　減刑ハ刑ノ言渡ヲ受ケタル者ニ対シ勅令ヲ以テ罪若クハ刑ノ種類ヲ定メ之ヲ行ヒ又ハ刑ノ言渡ヲ受ケタル特定ノ者ニ対シ之ヲ行フ　（以下省略）

8　大　赦

大赦は罪の種類、たとえば朝政復古明治維新の時に際し、天下を無罪の域に遊ばされたき叡慮《えいりよ》により過去の罪犯を赦し、または憲法発布の日に際し、過去の政治犯に限り、赦された等のものである。

その例として他人を持って来ずとも、私自身が受けた大赦を語ればよい。

私は前科者であった。しかし憲法発布の大赦に会うて赦免になり、青天白日の身となったものである。その証明書は左の通り。

証　明　書

東京府東京市神田区須田町二十五番地

士族　原胤昭

右ハ明治十六年十月一日東京軽罪裁判所ニ於テ処断ヲ受ケタル出版条例新聞紙条例違犯罪ハ本年二月勅令第十二号大赦令ニヨリ消滅ス

明治二十二年七月十七日

東京軽罪裁判所

検事　渥美友成

私の所犯はいわゆる準国事犯と云うのである。それは昔河野広中《こうのひろなか》翁が民権主張のため罪法に触れ、投獄されたのを憤慨して刊行した小文章の一節が、あらわに刑法に触れたるものを曲庇《きよくひ》する論文であると解された事件であった。この筆禍繫獄《ひっかけいごく》が起因となって、終生を前科者保護事業に捧げるようになったのもまた奇縁である。

私の赦免は憲法発布祝賀の大赦だから、総括的の大赦であって、個々には赦免状が出なかった。しかしそれを要求する者には交付されたのである。私も前科者の汚名を確《しか》と消し、子孫にもこれを伝えたいと思い、請求して得たのが右の証明書である。

9　特赦

恩赦の第二は特赦である。特赦は政治犯その他格別な犯罪、または受刑後の改悛事実が顕著であると認められ、司法官の申請によりてなされるものである。その中には破廉恥罪犯者でも、司法官の申請により特赦になった者も有ったが、それは極めて数が少ない。

前掲恩赦令第五条本項に依って普通の特赦を受けた者は、左の如き特赦状を受ける。

特　赦　状

有期徒刑十四年　〇〇〇

大正元年九月十三日ノ恩赦ニ関スル詔書ニ基キ特恩ヲ以テ其ノ刑ノ執行ヲ免除セラル

年　月　日

司法大臣　〇〇〇〇

同じ特赦にても、恩赦令第五条但し書に依る特赦、即ち特別の事情あるときと云う特赦は将来に向かって刑の言い渡しの効力を失わしめられるのであるから、この人は大赦と同様もう前科者ではない。その特赦状は左の如くである。

特　赦　状

明治十三年五月二十六日言渡　懲役百日
明治十三年十一月九日言渡　懲役六十日
明治十九年一月二十三日言渡　重禁錮三月
明治十九年十二月二十三日言渡　重禁錮一月十五日

明治二十三年二月十四日言渡　重禁錮五月
明治二十四年六月九日言渡　重禁錮二年六月
明治二十七年三月二十八日言渡　重禁錮二月
明治二十七年八月二十三日言渡　重禁錮一月十日
明治二十八年三月二十日言渡　重禁錮六月

○○○○○

大正四年十一月十日ノ恩赦ニ関スル詔書ニ基キ特典ヲ以テ其ノ刑ノ言渡ノ効力ヲ失ハシメラル

大正四年十一月二十三日

司法大臣　尾崎行雄　印

この特赦を受けた私の親友は、最後の在獄中に基督教《キリスト》を信じて改心し、明治二十八年に出獄してよりは、全く心を入れ代え、爾来《じらい》堅実な事業を営み、社会的にも有益な働を為して居られるので、その改善の事実が認められて、この恩典に浴し得たのである。

10 減刑

恩赦の第三は減刑である。減刑は特赦に次ぐ恩赦ではあるが、減刑であるだけ刑期の短縮により、在監服役日数が減らされるだけで、既に釈放された前科者には何の影響も無いから、ここには云うを略す。

11 復権

恩赦の第四は復権である。恩赦令改正以前は、いずれも司法官の申請に依って為される個々の恩赦であった。左は私の保護した改善前科者の一人が受けた例である。

復権状

○○○○○

特典ヲ以テ復権セラル

大正十四年一月三十日

司法大臣　横田千之助

この人の前科は、窃盗初犯重禁錮六月附加刑監視六月、去る明治二十九年の釈放者であった。

また昭和二年の復権令に依る復権者は、総括的勅令であって各々への復権状は交附されなかった。それでもこの恩典に浴した者で、その赦状を祖先の墳墓へ供えて、聖恩を報告する用に致したいとて、証明書の交附を受けた例がある。

証　明　書

本籍　新潟県○○市○○町四十二番地

住居　同上

○○○○

慶応三年六月十日生

右ハ昭和二年　勅令第十三号復権令第一条ニ依リ復権セラル

右証明ス　印

昭和二年九月七日

札幌地方裁判所検事正　男庭善之助　印

この人のは復権証明書で、前の復権状とは違う。これは昭和の復権令に依る総括的恩赦に浴した人などが、遠方に住む親族達に御恩恵を明らかに示して喜ばせたいと云うので、特に出願して交付を受けたものである。

右恩赦第一の大赦、第二の特赦は刑の言い渡しを受けたそのことが、その日より将来に向かって効力を失うものであるから、前科の痕跡は全く消えてしまうのである。しかし前項に云った通り、特赦では政治犯または格別な犯罪者、たとえば医師、弁護士、官公吏または資産家、僧侶その他教育ある知識階級者等で、私が常にその実状を知って等しく聖恩に沿させたく思うている所の、甚だ無智にしてしかも軽微な犯罪者、即ち小窃盗《こせっとう》、詐偽、横領、諸規則違犯者などには、殆んどその恩恵は及ぼされて居ないと云うても過言ではないのである。

六　昭和復権令の恵沢

12　衆議院議員選挙法の新旧対照

されぱこの昭和の復権令に依っては、少なくとも百万人以上の改善前科者は、その公権を回復し得たであろうと想像される。そうしてそれは差し当たり左の如き偉大なる結果をもたらした。

大正十四年五月我が国民が多年要望しつつあった衆議院議員選挙法の改正が議会を通過し、いわゆる普通選挙法が成立した。これは我が国の文化制度の一大躍進として、国民がお祭り騒ぎを以て迎えたのであったが、その蔭には泣いても泣き足りない幾万の人々を生み出したのである。即ち左の条文の示すように懲役または禁錮六年以上の刑を受けた者は、悉く選挙権欠格者として除外され、選挙権に於いて全国民七千万人より、差別待遇されることになったのである。

改正　衆議院議員選挙法　抄

法律第四十七号　大正十四年五月五日

第六条　左ニ掲クル者ハ選挙権及被選挙権ヲ有セス

（一、二、三、四項省略）

五　六年ノ懲役又ハ禁錮以上ノ刑ニ処セラレタル者

六　刑法第二編第一章（皇室ニ対スル罪）第三章（外患ニ関スル罪）第九章（放火及失火ノ罪）第十六章（通貨偽造ノ罪）及至二十一章（誣告ノ罪）第二十五章（冒瀆職ノ罪）又ハ第三十六章（窃盗及ヒ強盗ノ罪）及至第三十九章（贓物ニ関スル罪）ニ掲クル罪ヲ犯シ六年未満ノ懲役ノ刑ニ処セラレ其ノ執行ヲ終リ又ハ執行ヲ

受クルコトナキニ至リタル後其ノ刑期ノ二倍ニ相当スル期間ヲ経過スルニ至ル迄ノ者但シ其ノ期間五年ヨリ短キトキハ五年トス

七　六年未満ノ禁錮ノ刑ニ処セラレ又ハ前号ニ掲クル罪以外ノ罪ヲ犯シ六年未満ノ懲役ノ刑ニ処セラレ其ノ執行ヲ終リ又ハ執行ヲ受クルコトナキニ至ル迄ノ者

この欠格条項は実に重大なる危機として前科者の前に臨んだ。もとより旧選挙法に於いても、重罪犯釈放者は等しく除外されてあった。

(旧) 衆議院議員選挙法

第十一条　左ニ掲クル者ハ選挙権及被選挙権ヲ有セス

(一、二項省略)

三　六年ノ懲役又ハ禁錮以上ノ刑ニ処セラレタル者

四　六年未満ノ懲役又ハ禁錮ノ刑ニ処セラレ其ノ執行ヲ終リ又ハ執行ヲ受クルコトナキニ至ル迄ノ者

しかしこの旧法の時代には、選挙人資格が主として納税額に依って制限されてあった故に、たとえ納税額に於いて資格を有した者が、前科者として失格して居り、選挙場へ出られなかったにしても、その欠格事項がいずれであるか明白でないから、特に目に立つようなことはなかった。

13　改善前科者の苦痛

然るに今回改正された普選法には、

第二章　選挙権及被選挙権

第五条　帝国臣民タル男子ニシテ年齢二十五年以上ノ者ハ選挙権ヲ有ス

帝国臣民タル男子ニシテ年齢三十年以上ノ者ハ被選挙権ヲ有ス、とあるに依って、二十五歳以上の男子であれば、誰彼なく、向こう三軒両隣、自分の父もあるいはその子も、等しく選挙有資格者として選挙場に、清き一票を投じに行かなければならなくなったのである。故に前掲の欠格条項に引っかかる者は、たちまちその前科者たることを、曝露せなければならないと云うのである。

されば選挙期日に先立つ選挙人名簿の発表は、彼らが生存上の止《とど》めを刺す利刀《りとう》として擬《ぎ》せらるることとなった。たとえ放免後二十年あるいは三十年の長い年月、すでに善良な国民としての生活を続けた者といえども（私の保護した年久しき前の釈放者には、四十六年を無事に経過した者もある）皆一様に欠格者としてその前科を曝露されるのである。その為め彼らが数十年の歳月、丹誠を積んだ辛苦も名誉も一片の煙と消えてしまわなければならぬ。いやそれはまずよしとしても、何も知らぬ妻や子供の驚き嘆きを思えば、いかに断腸の思いがあったことであろう。その前科事件と云っても、若い時の過ちで三十年も四十年も中には五十年も昔の話、その後娶《めと》った妻や生まれた子の知って居る筈もない。生まれた子と云っても今では立派な若主人、町内でも尊敬されている紳士、それらが寝耳に水に老いたる父の昔を発《あば》かれて、前科者だ、懲役人だ、泥坊だった、詐偽師だったと爪弾きを受けねばならぬをいかにすべきであろうか。彼らが血の涙を絞って、日夜泣き暮したのも実に無理ではなかった。悲惨なるこの問題はただに彼らのみならず、多年保護事業に従事した私どもをも死地に陥れた。私が全生涯を賭《と》し聖恩を体し聖旨を奉じて、保護善導し改善の実を挙げさせて来た事蹟も、一朝の夢と消える。夢は覚めて消えるとも、悲惨な境涯に、彼らを陥れたこの失敗は挽回ができるものではないと、実に消魂の思いにくれたのであった。それで遂にこの窮状を救わんには、取り敢えずその現状を世に告げて、声を限りその無惨さを証明するより外はないと覚悟し、早速その準備にとりかかった。

14　改善前科者の生活現状

私はまず自分の保護したものの中、長期九年以上の刑の釈放者が一千三十六人あったので（明治四十四年まで）即時実験し得る東京居住者三十名を調査し、左の表を作った。

東京居住長期九年以上刑釈放者改善生活の現状

4	3	2	1	仮号		
深川	日暮里	浅草	豊多摩	現住所		住所
－	所有	所有	所有	家屋	住宅	
28	－	－	－	借家賃		
瓦職	大工	夜番	大工	本業	家業	生計
小使	雑貨	鰻屋	貸家	副業		
90	150	100	150	収入月額		
家屋商品	家屋什器	家屋什器	家作	物件	資産	
1,000	4,000	2,000	25,000	価格		
10	15	－	160	納税年額		
有	有	有	有	妻		家産
2	－	1	2	男	子	
－	1	3	3	女		
－	－	－	1	男	孫	
－	－	1	1	女		
製本 －	－	料理人 官吏 （警部）	帽子商 船員 洋裁縫	悴婿の家業		
58	64	69	66	現年齢		本人の現状
強働	強働	強働	強働	健康働否		
27	22	30	30	釈放後の年数		
1	3	3	3	住居移転の度数		社会上の信用
－	11	5	28	前住所	同一地に住居の度数	
27	7	25	2	公住所		
町会幹事 衛生組合世話人 教会役員	－	町会世話人	同業一部組合長 衛生組合幹事	公関係名誉職に選挙せらる		

8	7	6	5	仮号		
北豊島	下谷	本郷	神田	現住所		住所
–	所有	–	–	家屋	住宅	住所
30	–	20	同居	借家賃	住宅	住所
魚商	漆器商	料理屋	飴売	本業	家業	生計
–	夜店	氷店	日雇	副業	家業	生計
160	150	150	40	収入月額		生計
仕入什器	商品家屋	仕入什器	–	物件	資産	生計
5,000	6,000	2,000	–	価格	資産	生計
90	90	30	–	納税年額		生計
亡	有	有	独身	妻		家産
–	2	1	–	男	子	家産
1	2	–	–	女	子	家産
2	–	–	–	男	孫	家産
–	–	–	–	女	孫	家産
鮮魚商 –	鉄工 裁縫	コック –	–	悴婿の家業		家産
75	54	61	74	現年齢		本人の現状
衰退	強働	強働	強働	健康働否		本人の現状
28	23	29	29	釈放後の年数		本人の現状
2	1	6	5	住居移転の度数		社会上の信用
–	–	17	14	前住所	同一地に住居の度数	社会上の信用
25	23	2	5	公住所	同一地に住居の度数	社会上の信用
町会委員 同業組合幹事 青年会幹事 警備手会幹事	同業組合幹事	–	–	公関係名誉職に選挙せらる		社会上の信用

12	11	10	9	仮　　号		
北豊島	神田	池上	下谷	現住所		住所
–	所有	–	所有	家屋	住宅	住所
30	–	10	–	借家賃	住宅	住所
八百屋	布団蚊帳	鳶	鼻緒商	本業	家業	生計
夜店	–	–	–	副業	家業	生計
130	160	70	100	収入月額		生計
商品	家屋商品	–	家屋商品	物件	資産	生計
2,000	10.000	–	3,000	価格	資産	生計
45	60	–	12	納税年額		生計
亡	亡	有	亡	妻		家産
–	–	2	2	男	子	家産
1	2	–	2	女	子	家産
–	–	–	–	男	孫	家産
–	–	–	–	女	孫	家産
– 八百屋	–	米商店員 –	鼻緒職 鼻緒職	悴婿の家業		家産
69	57	67	66	現年齢		本人の現状
強働	強働	強働	強働	健康働否		本人の現状
29	18	29	26	釈放後の年数		本人の現状
2	1	5	1	住居移転の度数		社会上の信用
–	–	9	–	前住所	同一地に住居の度数	社会上の信用
26	18	2	29	公住所	同一地に住居の度数	社会上の信用
–	–	–	–	公関係名誉職に選挙せらる		社会上の信用

16	15	14	13	仮号		
巣鴨	浅草	下谷	小石川	現住所		住所
－	所有	所有	所有	家屋	住宅	
30	－	－	－	借家賃		
白米商	傘商	塗師	大工	本業	家業	生計
養鶏	－	－	漆器	副業		
170	160	90	160	収入月額		
商品	家屋商品	家屋仕入	家屋商品	物件	資産	
3,000	3,000	1,000	3,000	価格		
60	13	－	40	納税年額		
有	有	独身	有	妻		家産
1	1	－	－	男	子	
1	1	－	1	女		
－	－	－	－	男	孫	
－	－	－	－	女		
産婆 －	印刷工 －	－	－ 大工	悴婿の家業		
64	61	72	64	現年齢		本人の現状
強働	強働	強働	強働	健康働否		
29	29	29	28	釈放後の年数		
3	2	4	3	住居移転の度数		社会上の信用
－	－	10	－	前住所	同一地に住居の度数	
29	28	8	19	公住所		
町会会計主任	－	－	－	公関係名誉職に選挙せらる		

20	19	18	17	仮号		
牛込	代々木	小石川	芝	現住所		住所
－	－	－	所有	家屋	住宅	
48	30	同居	－	借家賃		
洋服店	大工	会社員	鉄具商	本業	家業	生計
同裁縫	－	－	鋸目立て	副業		
180	80	65	160	収入月額		
商品什器	－	－	家屋商品	物件	資産	
12,000	－	－	5,000	価格		
80	－	－	16	納税年額		
有	有	独身	有	妻		家産
1	－	－	1	男	子	
－	－	－	3	女		
1	－	－	－	男	孫	
－	－	－	－	女		
洋裁縫	－	－	－ 海員 商店員	悴婿の家業		
70	70	74	61	現年齢		本人の現状
強働	衰退	衰退	衰退	健康働否		
29	28	29	29	釈放後の年数		
2	3	3	1	住居移転の度数		社会上の信用
7	4	－	－	前住所	同一地に住居の度数	
22	23	26	29	公住所		
同町自治会理事 同業組合理事	－	－	同業組合相談役	公関係名誉職に選挙せらる		

24	23	22	21	仮号		
吾嬬	池袋	芝	四谷	現住所		住所
所有	−	−	−	家屋	住宅	住所
−	悴同居	婿同居	30	借家賃	住宅	住所
貸家業	塩売	ヤスリ鉄工	土木工夫	本業	家業	生計
海苔売	−	小使	金貸	副業	家業	生計
200	20	50	90	収入月額		生計
家作	−	−	貸金什器	物件	資産	生計
13,000	−	1,000	5,000	価格	資産	生計
120	−	−	−	納税年額		生計
有	有	有	有	妻		家産
−	1	1	2	男	子	家産
−	−	3	1	女	子	家産
−	2	2	−	男	孫	家産
−	3	−	−	女	孫	家産
−	電気工	板金工場主 鋳物仲介 電気工	−	悴婿の家業		家産
68	29	67	53	現年齢		本人の現状
強働	強働	強働	強働	健康働否		本人の現状
26	29	30	25	釈放後の年数		本人の現状
2	1	3	2	住居移転の度数		社会上の信用
24	27	20	3	前住所	同一地に住居の度数	社会上の信用
2	2	10	22	公住所	同一地に住居の度数	社会上の信用
−	当主 同業組合幹事	−	同業組合世話役	公関係名誉職に選挙せらる		社会上の信用

28	27	26	25	仮号		
下谷	南葛飾	牛込	本所	現住所		住所
–	所有	–	–	家屋	住宅	
女同居	–	22	35	借家賃		
鉄工	耕夫	印刷舎鋳工	薬商	本業	家業	生計
妻裁縫	–	雑貨店	集金人	副業		
–	60	120	120	収入月額		
–	家作	貯金家具	商品	物件	資産	
–	600	2,500	2,000	価格		
–	20	–	60	納税年額		
有	有	有	有	妻		家産
–	–	–	1	男	子	
リ	–	–	1	女		
–	–	–	–	男	孫	
–	–	–	–	女		
–	–	工場内世話方	–	悴婿の家業		
63	72	56	58	現年齢		本人の現状
病退	強働	強働	強働	健康働否		
20	29	24	29	釈放後の年数		
6	1	2	2	住居移転の度数		社会上の信用
–	–	2	15	前住所	同一地に住居の度数	
3	29	22	14	公住所		
–	–	–	–	公関係名誉職に選挙せらる		

仮号			29	30
住所		現住所	千駄谷	荏原
	住宅	家屋	−	−
		借家賃	20	20
生計	家業	本業	石工	理髪
		副業	−	−
		収入月額	180	180
	資産	物件	什器家具	什器家具
		価格	1,000	1,000
		納税年額	−	30
家産		妻	有	有
	子	男	−	1
		女	リ	−
	孫	男	−	−
		女	−	−
		悴婿の家業	−	理髪
本人の現状		現年齢	62	65
		健康働否	強働	強働
		釈放後の年数	27	29
社会上の信用		住居移転の度数	5	2
	同一地に住居の度数	前住所	−	10
		公住所	6	19
		公関係名誉職に選挙せらる	−	町会理事 同業組合 世話役

右は統計としては甚だ不充分ではあるが、改善前科者の現在生活状態の一斑を窺うことは出来ようと思う。元来私は彼ら刑余者の生活が中産以上に達することを望みとしない。普通程度で安全地帯に在れば結構だと思うて居る。右の表によって三十人の収入月額を平均すれ

ば一人百十七円に当たり一日四円弱である。もっとも彼らの生活程度にはすこぶる懸隔《けんかく》がある。有資産者の中には日本橋区内の自己家屋に住し使用人も五人、電話も掛けた商人がある。低い方では学校小使または独身で、「金《きん》チャンうまい」と呼び歩く煮豆売もある。また納税して居る十八人の一ヶ年税額は九百五十一円で、平均一人五十三円である。

憶《おも》うても見よ、彼らはかつては自らの不遇な運命に弄ばれて大きな過失を仕出《しで》かし、人に迷惑を掛けた者である。さりながら国法の森厳《しんげん》なる裁きには恭順に服罪《ふくざい》し、改心悔悟、苦役を厭わず、改悛の実を挙げて、すでに善良なる市民として安全且つ立派に営業し、納税し、以て妻子を養う一国民となって居るではないか。のみならず彼らは前表の最下欄に示す如く、世間多くの人々が、常に労を厭い費《ひ》を吝《おし》み、その任嘱を避ける地方自治体の公共事業に力を供し、共力共栄の誠心を以て、時を費やし財を投じてその任を尽くしている。褒《ほ》むべきの民ではないか。賞すべきの同胞では無いか。

然るに法は今や再びその旧事をあばいて、この民この族《やから》を踏み殺さんとするのである。

私は筆を尽くし声を枯らしてこの無法を叫び法の改善を求めた。しかし法律の改正は不肖の瘠《や》せ腕を以ていかともなし得る処ではない。僅かに同志の者で東西に呼応した者はあったが、徒《いたず》らに焦慮しつつ荏苒《じんぜん》日を送っていたのである。

然るに大正十五年十二月二十五日、大正天皇崩御のことあり、天下等しく了闇《りょうあん》の悲しみに包まれ御冥福を祈りつつあった折柄、霹歴《へきれき》の如く下ったのが昭和恩赦復権の御詔であった。斯くて過去十年間謹慎遷善の実を挙げし前科者一同が、一様にその公権を回復せしめられたので、普選法第六条第五項に依る欠格者の悲嘆は殆んどその十分の九までは雲消霧散し、百万の改善前科者、否その家族を合わせた四、五百万の人々は一斉に涙を拭《ぬぐ》い去られたのである。

15　蘇生った民の歓び

彼らの歓喜、その表情は、到底私などの筆にも舌にもよく尽くす処ではない。

私の手がけし人達にこの聖旨を伝えた時、ある者は声を揚げ双手を挙げて万歳万歳と絶叫し、何事も聞き知らずにあったその家族を驚かした。ある者は今度の陛下様がお赦にして下さったかと大声をあげた。ある者には往来の途上で私がこれを話した処が、折柄の降雨で泥濘《ぬかるみ》の道路へ、下駄を脱ぎ捨てはだしになって土下座し、あたかも狂人かと往来の人を驚かした。ある者は何処へか御礼参りせねば、心安からぬと云うので、私は二重橋に拝礼し更に明治神宮に参拝することを教えた。少しく心得ある者の中には、自ら青山に参拝し了《お》えて、拙宅へ訪れて来たものもあった。

そういう人達は随分沢山あった。ある者は私の事務室でこれを伝えられ、唯だ歓喜しただけでは物足らぬと云うので、事務室の窓を開け宮城に向かって跪座《きざ》し、私と共に畳に手を突き黙禱黙想をさせたのもあった。私の門を訪《と》い、歓びを表しに来た未知の人もあった。また電話を掛けて喜びを言明《げんめい》したものもあった。この場合私は彼の氏名を云わせなかった。名刺を出した者には名刺を返した。そうして私は云った、貴下の名の知られず覚えられないのが聖旨のある所だ、この上はただ一意専心奉公の至誠あれよと。なお各地方は云うまでもなく、台鮮満樺太に在る人々で、書翰を寄せて恩赦を喜び且つ復権に由る身分証明のことなどを照会して来たのも数百人に上った。前科者の心理と、その窮状を悉知《しっち》している私の親友は斯く云われた。

今度の恩赦復権は、二百万、三百万の御内帑《ごないど》の下賜《かし》よりも、なお厚き滋雨であると。

ああ昭和新帝の復権の御詔書、永《なが》の年月を社会の暗蔭に隠れて、自らの過去に苦悩し、血涙を絞りつつ忍従し来たった同胞が、今やその多年の苦心も瓦塀《がへい》に帰せんと迫り来たった危機に際して、斯くも偉大なる御恵沢を下し給いし、ああ、その大御心！

16　恩赦復権の実行は七ヶ月後に完成

然るにこの御恵沢が、一般に徹するまでには、七ヶ月、半歳より長い月日を要したことを世人は牢記《ろうき》せられたい。即ちこの恩赦復権は検事の命令を待たずに確定したものである。そこが過去に於いて例のない厚い御仁恵であったのだ。しかしこの御恵沢が公衙《こうが》に於いてはなかなか実行の域に這入《はい》らず、復権の証明を願い出ずる者に対する公吏の答弁は、調査未了、または検事よりの復権裁可の通知未だ無し、等と言明した。そうしてようやく同年八月十九日に至り内務省地方局長は、四月十九日附尼崎市長より、神戸地方裁判所検事局への照会、六月十八日附同じく刑事局長への問い合わせに対し、七月十五日附刑事局長の回答を発表されて……検事局より復権通知の有無の如きは復権の効力には何らの関係無きものに候……と明示せられたのである。浴恩者は勅令発布の二月より七ヶ月間「法文解釈上の疑義」なる重大事務に累せられて、自己の権利を阻まれていたのであるが、ここに暗雲は晴れて始めて愁《しゅう》眉《び》を開き、欣喜雀躍《きんきじゃくやく》したのである。

17　昭和の復権には『検事局通知の有無は効力に何ら関係無き』旨の訓達

内務省司地第六号

昭和二年八月十九日　内務省地方局長

北海道庁長官殿

府県知事殿

復権に関する件通牒

標記の件に関する別紙甲号兵庫県尼崎市長照会に対し乙号の通り回答候旨、司法省刑事局

長より申越の次第も之れあり候条、右御了承の上、管下市町村長に御示達《ごじたつ》相成りたし

別紙写

尼庶第八三四号

昭和二年四月十九日　尼崎市長　上村盛治

神戸地方裁判所検事局　御中

復権に関する件

本年勅令第一三号により復権せらるべきものの取扱いに関し左記の通り疑義相生じ候条、折返し何分の儀御回答相煩わしたく此の段照会に及び候なり

記

一、本市前科名簿により調査の結果、本年勅令第一三号に該当すると認むるものに付いては、貴庁よりは何らの通知に接せざるも直に復権者として取扱いしかるべくや、或いは又今回の復権に付いては更に復権せざるものの氏名を貴庁より通知せらるるや、若し然りとせば、右通知に接せざる間に於いて選挙人名簿の調製を要する等の場合には折角復権せられたるものが、通知の到着せざる為欠格者として取り扱わるることとなり、恩赦の御趣旨にも添わざるよう存ぜられ候

甲号

尼庶一二八二号

昭和二年六月十八日　尼崎市長　上村盛治

司法省刑事局長　泉二新熊　殿

復権に関する件

本年勅令第十三条により復権せらるべきものの取扱いに関し、神戸地方裁判所検事局と本職との間に別紙写の通り照復致し候処、其の回答によれば本市前科名簿により調査の結果復権令第一条第二条に該当し、同令第一条但書に抵触せざるものは検事局より復権せられたる旨の通知の有無に拘わらず、総べて復権せられたるものと解し然るべき趣に有り、之れ果たして然らば就職等の必要に迫られ刑事上の処分に付き市町村長の証明を願い出たる場合、本市前科名簿に於て今回の復権令により復権すべき該当者なりと認めたるときは復権したるものとして証明を与え差し支えなきものと認むるも如何に候や

然れども又一方近来各地の検事局より通知し来たる復権通知に付き考えるに、此の通知が若し他に対抗し得らるべき確認の法的効力を有するものに候わば、市に於いては該通知により始めて本人の復権を認むべきものにして、此の通知を受ける以前に於ては如何に本市前科名簿により復権せしものなりと認むるも、尚之れを復権者として取扱いをなすを得ず、従っ

て各種議会の選挙権陪審員たる等の法令による資格を享有せしめざることとなり、検事局よりの回答と彼是矛盾の節なきにあらず、差し掛りたる事件之れ有り、取扱い相違の為折角の恩典にも浴せしめ得ざるときは聖旨に副い奉る所以にあらざるを以て、至急何分の御回答相成りたく問い合わせに及び候なり

乙号

司法省刑事局刑事第四、四八〇号

昭和二年七月十五日　司法省刑事局長　泉二新熊

尻崎市長　上村盛治殿

復権に関する件回答

去月十八日付御問い合わせに係る復権令取扱いに関しては、神戸地方裁判所検事局回答の

通り、今回の勅令に依る復権に付いては、苟《いや》しくも其の条項に適合する者は総べて何らの手続を要せず、当然復権したる者に之れ有り、検事局より復権通知の有無の如きは復権の効力には何らの関係なきものに御座候、而してこの際検事局に於いて迅速之れが調査を遂げ復権者たることを決定したる上、速やかに市町村に通知を発するを事務取扱い上便宜と思考致し候えども、今回の復権は範囲極めて広汎にして、之れが調査を了するには相当日数を要するべく、選挙資格陪審員資格の調査等急速を要する事務目前に差し迫り居る今日に於いて、検事局の通知に俟つ余裕の存せざる場合も之れ有るべく候に付き、市町村に於いても共同的に復権令の趣旨に背かざるよう、神戸地方裁判所検事局回答の趣旨に依り御取り扱い相成りたく、此の段回答に及び候なり

七　戸籍の汚れ

18　尊き我が国民の羞恥心

建国以来我が国に培《つちか》われて来た国民の潔癖性が、羞恥心に姿をかえて、深く人心に根ざしている点の、世界いずれの国民よりも著しいことは万人の等しく認むる処である。

それで古来自己の身分に就いて汚点を残すことは、死を賭しても避けると云う気風があった。

前科者にしても然りで、彼らにこの羞恥心のあればこそ、これを助長し鼓吹することに依って彼らを改過遷善せしめ得るのであった。されはその罪科に依って戸籍簿へ朱書さるる、いわゆる戸籍がよごれると云うことに就いて抱く心のおののきは、単に就職に身分証明を要するためのみでは無く、その過去を他人に知らるることに就いて最も大きく感ずるのである。殊に私が彼の人々に、厚く同情し且つ喜ぶ点は、改善前科者が、立身産を成し、妻を迎え、家を構え、子女を挙げ、その成長成学を見て歓喜するとき、必然に起こって来る彼らの切なる願望は、この愛すべき家族の脳裡に、自分の過去の罪犯事跡を知らせたく無い、何らかの方法を与えてよと、十人が十人まですべて同一の註文《ちゅうもん》を携えて来ることである。順良なる子女が成長して親の旧悪を知る時の苦痛や、その親達が持つであろうその羞恥、人間の心胸《しんきょう》としてこれだけ真実な叫びは有るまいと、私は常に涙を以て同感するのである。

この戸籍が汚れるのを厭《いと》う心の厚いのは、昔から伝来の習慣がもたらしたと見てよい。それは幕府時代に武家の三代調べと云う習慣あり、身分縁組等について、あるいは共同事業、組合選択等について、その未知の人の素性を糺《ただ》すに、当人、その父、その祖父、三代の人々に何事にあれ不祥事の有無を調べ糺す。これに汚点あれば、正しき家柄として受けず、実に一人の汚点は、三代に波及することになって居たのである。故に罪科の痕跡は家の瑕瑾《きず》として忌み嫌うたものだ。

19　祖父、父、自分の三代公咎を受けない昔の由緒書

試みに私の実家秘蔵の旧記に残されてある、武家の一例を左に掲げよう。

朱書　天保十四卯年三月　鳥居甲斐守殿へ差出ス

由緒書

町奉行鳥居甲斐守組与力
佐久間彦太夫

由緒書

町奉行鳥居甲斐守組与力

高二百石　本国安房 生国武蔵

養子　佐久間彦太夫

寅年　六十四

文恭院様御代寛政十二申年根岸肥前守組之節従部屋住与力見習被仰付（以下勤務来歴年月日詳記　略）

同組与力見習

養子　佐久間健三郎

寅年　三十四

文恭院様御代文政三寅年十一月筒井紀伊守組之節従部屋住与力見習被仰付（以下勤務来歴特に勤功次第詳記　略）

一　先祖　　佐久間善兵衛
厳有院様御代明暦三酉年石谷左近将監町奉行勤之節被召抱延宝二寅年迄御奉公十八年相
勤同三卯年十一月病死仕候
（次々に代々の来歴を記し　終わりに）
一　祖父　父　私　遠慮逼塞閉門等都而御咎之儀無御座候以上
天保十三寅年十二月　　佐久間彦太夫　印
（佐久間は私の生家　彦太夫は祖父　健三郎は実父）

右末項を見られよ。自分より父、父より祖父、この三代の中には遠慮《えんりょ》、逼塞《ひっそく》、閉門《へいもん》と云う最軽度の各責さえ受けた者は無いと、力強く自証して居るのである。

徳川政府　刑律百ヶ条の内
御仕置仕形之事（各項省略）

一、**閉門**　門を閉ず　窓を塞ぐ
釘〆めに及ばず
但し病気の節は夜中に医師を招き候儀、並びに自火は申すに及ばず
近所より出火の節は屋敷内で火防ぎ候儀は苦しからず
惣て火事の節は屋敷危き体に候わば立ち退き、その段頭支配へ申し達す

一、**逼塞**　門を立て夜中潜りより目だたざるように通路は苦しからず
但し右同断

一、**遠慮**　門をたて潜り引寄せ置き夜中目だたざるよう通路は苦しからず
但し右同断

もし三代の中に受咎者あれば、その受咎年月日事由を詳記せなければならぬ。それは家の瑕瑾であった。武家、殊に江戸市政を司った私ども町方与力の家筋などでは、更に潔白なる家系を尊んだ。

20　朱で筆太に書入れてある戸籍謄本

父祖自分三代無咎を誇りとする美風習慣は、余程古く、且つ根強く伝習されて来たものであろう。もちろんそれは武家のみでは無い。都鄙《とひ》を問わず一般国民の間に於いても同様であった。されば明治維新後となっても二十五年頃までの戸籍謄本には、昔の形をそのままに本人の前科を詳細に朱書記入してあった。試みに明治十五年頃の朱書記入ある戸籍勝本の一例を掲げよう。

（無罫　半紙）
元戸籍抄本
因幡国高草郡秋里村百四拾番屋敷
平民農
戸主　小谷音治郎
天保十一年庚子十一月二十一日生
（朱書）
摂津国能勢郡村名不詳平民姓名不詳男元無籍鳥取監獄署授産場入　己卯（明治十二年）五月
願済引取同八月養子トス
養子　小谷仲蔵
慶応三年卯四月生不詳

（朱書掛札）
癸未（明治十六年）一月二十二日不縁　（墨書）養子　（朱書）小谷仲蔵
　（墨書）慶応三年卯四月生不詳
（朱書掛札）
癸未（明治十六年）一月十八日願済改実父伯耆国河村郡長瀬宿平民今川周三郎長男
（朱書掛札）
壬午（明治十五年）九月一日窃盗重禁錮一月十六日
前書ノ戸籍抄本ハ気高郡千代水役場へ備エアル戸籍抄本ニ御座候ナリ

斯くの如き戸籍簿朱書記入の仕方は、いたく国民の心を刺したものである。これに就いて親しく聞いて、私の脳裡に沁み込んでいるのは、明治十六年私が筆禍で処刑され石川島監獄へ繋がれた時に、同監した囚人等が涙を流しての懺悔話《ざんげばなし》に彼らが、再犯三犯と犯罪を重ねて繰り返すようになったのは、戸籍が汚れたので人が対手《あいて》にしてくれない、人別が赤くなったので人並みの附き合いが出来なくなって、遂にここに至ったとの実跡談である。またその後私が囚徒教誨《きょうかい》の職を執った明治十七年から二十八年まで、兵庫と北海通の各監獄に囚徒を教誨して、彼らの懺悔話を聞いた間にも、彼らの口吻《こうふん》より人別が汚れたからとか、籍が赤くなったものでとか話を聞いたことは度々であった。その言葉は、無教育な者の言としては、久しい習慣から生み出したものと察してよいであろう。この罪辟忌避《ざいへききき》の気持ちは尊むべき羞恥心の発揚であることが容易に看取される。

また囚徒が改心の意を表示した謝罪の文に答えた親族の書信にも、お前のために人別を赤くされたから、妹を片付けるにも困るとか、人別の赤くなっている間は親類附き合いを断わられたとか云う文言を私は度々見た。

そこで私が彼ら罪囚を教誨し明るい世界に出してやろうとして見ると、前科朱書の戸籍謄本を携帯させていては、自分ながら灯火を消して暗闇を歩かせると等しく、盲が盲を導くの愚だと考え頻りに苦心した。

明治二十三四年の頃、私は北海道の釧路監獄署に重罪長刑期囚徒の教誨に当たっていた。ちょうど当時は新刑法（明治十五年施行）処断の長刑期囚仮出獄時期となり、この恩典に浴せしめんと出獄後の予備として頻りに郷信《きようしん》を促し、近親間の情誼《じようぎ》を温かならしめた。当時書翰の文面に表われたのは、人別を汚された、籍を赤くされたからと、戸籍面罪科の朱書記入を以て失体を公報さるるに困り入った窮状を告げるものが多くあった。この時は既に犯罪人名簿が規定されてより十年近くを経過した時代であったけれども、犯罪事由通知の登録は、別立の帳簿に記されていなかった。

由来犯罪人名簿の成立は犯罪捜査の用に備えたもので、我らが望む囚徒改善保護の趣意に出たもので無いから、これが当然の結果ではあるが、更に戸籍にも従前の罪科事由朱書はそのまま記入されてあった。故に改善囚徒等は出獄の暁には帰郷するも、転住するも、身を新たにして再び生きんと念願するも、この罪科朱書に悉く閉口したものである。

私の教誨指導した重罪長刑期囚には、明治十年前後処断の懲役終身囚も多くあった。当時の裁判では戸籍の有無には深い調査を向けず、従って戸籍曖昧の者が多かった。それで改善を勧めるためには戸籍を確かめ、親戚故旧を尋ねて情誼に導く必要として、戸籍謄本を求めさせた。いずれも罪科朱書記入の謄本であった。

そこで試みに私は戸籍役場にこういう交渉をやった。朱書記入事項は犯罪人名簿に負わして朱書無記入で戸籍謄本を与えよと。戸籍吏は答えて曰く、戸籍の謄写は重大な責任だ。苟しくも漏脱誤謬なきを期す、一点一画も拾捨することのできない規定だと断然拒絶した。

しかしこれに私書を添えて、転籍せよ。転籍移牒の際は新式罫紙を用う。新式罫紙には身分事由記入欄無し、と好意ある指示を与えて暮《く》れた向きがある。私はこれに従って当時いささか緩和するを得たことであった。

八　犯罪人名簿

21　犯罪人名簿とはいかなるものか

犯罪人名簿とは、あらゆる受刑者の罪科、刑名、刑期、宣告年月日、裁判所名等を登録して、前科事由を証拠立てる公簿である。この登録は刑の宣告をなしたる裁判所によりなされるのであって、実に前科者の生殺権《しょうさつけん》を握る権威である。

果たして然らば、全国各市町村戸籍役場に備え附けられた犯罪人名簿なるものは、昭和の聖代に公簿として、正確にして些《さ》の誤謬も脱漏も無きものかと云うに、私は正にこれを不完全、不正確、誤謬脱漏ある杜撰《ずさん》な簿冊《ぼさつ》であると断言する。

その第一の理由は、現在の犯罪人名簿には、過去六十年間の受刑者全部を登載してあるべき筈ではあるが、事実は決して然らず、そしてそれは当然のことである。
そもそもこの名簿は、左記公達《こうたつ》に由《よ》って明治十五年一月より施行作製された公簿である。

司法省丁第三十三号達　明治十四年十二月

刑事裁判言い渡しを犯人の本籍へ通知し、及び犯人前科取調の儀、之れ迄まちまち相成り居り候処、来明治十五年一月より左の通り相心得べくこの旨相達し候事

刑事裁判言い渡しありたるときは治罪法第四百六十四条に掲ぐる既決犯罪表写を犯人本籍の地の軽罪裁判所検事に送致すべし、右送致を受けたる検事は其の旨を犯人本籍の地の戸長に通知し、該表はイロハ標号に従い区別編写致し置くべし

犯罪人の前科取調を要するときは犯人本籍の地の軽罪裁判所検事に照会し、検事は編纂致し置きたる既決犯罪表写を送致すべし

故に明治十五年以前に於いては犯罪人名簿が作製されて無かったことは、右公達に拠って明白である。しかし明治維新後も明治十四年と云えば処刑者の数も既に数万に上って居たから、処刑者記載は絶対に無記入ではなかった。ある戸籍役場では、裁判所の通知によりこれを戸籍簿に登録して居る。前記司丁《してい》三三達《たつし》を見れば、刑事裁判言い渡しを犯人の本籍へ通知し、及び犯人前科取調の義、之れ迄まちまち相成り居り候云々とあるのがそれで、その取扱いは真にまちまちであったのである。それに継続して作製してある現在の犯罪人名簿であるから不正確な記録と云って差し支えない。もしそれが普通人民の権利義務に関する公簿で有ったならば、一日も黙過《もっか》されてはいないだろうが、何を云うも物蔭に潜まなければならない刑余者、社会から除外されている可憐の民を登録する帳簿のことであるから、洩《も》れたからとて自ら名乗り出て、その改訂を求むる者は無いのである。

22　四十五年間の記録で六十年間の事実は判らぬ筈

第二の理由は、大正十五年の春、私は現に重罪長期刑の服役を畢《お》え、私の手に保護した者の身分証明を受ける為め、原籍地即ち受刑当時申立ての肩書地へ、特に前科の有無に就いて照会を試みたるに、正に「刑罰ヲ受ケタルコトナシ」または「前科ナシ」等の答を与え、犯罪人名簿登録の人民で無いと言明したもの三十人に対する二十四人にて、有前科を証明したもの六人のみであった。これは大正十五年であるからもちろん昭和復権令公布の以前であり、且つ特に前科に就いて照会したのであるから、登録されてあるならば必ず有りと答えらるべき筈のものである。それは東京現住者のみで明治十一年より同二十五年までの受刑者である。左の表について見ていただきたい。

23　前科者三十人の前科を本簿役場に問うた答　有　六、無　二十四件

九年以上長期刑釈放者東京居住三十人に対する前科有無を証明したる戸籍役場の回答

	仮号	1	2
当所にて保護の前科	宣告裁判所名	東京	東京
	保護当時の前科刑期	徒刑十二年	徒刑十三年
	罪質	強盗	強盗
	裁判所	東京	東京
	証明役場	芝	浅草
	身分証明前科の有無	ナシ	ナシ
保護以前の前科	保護以前の前科刑期	–	重禁固三月
	身分証明の前科有無	–	ナシ
保護以後の犯罪	保護以後の犯罪刑期	–	–
	身分証明の前科有無	–	–
処刑宣告年月	明治十五年犯罪人名簿作成の後	明治二十年	明治十六年
	同犯罪人名簿作成規定の前	–	–
所犯地と在籍地	在籍地方にて	所犯	所犯
	在籍地外にて	–	–

6	5	4	3	仮号	
東京	東京	水戸	静岡	宣告裁判所名	当所にて保護の前科
懲役終身	懲役終身	徒刑十四年	無期徒刑	保護当時の前科刑期	
窃盗	強盗	強盗	放火	罪質	
東京	東京	水戸	静岡	裁判所	
本所	神田	小石川	静岡	証明役場	
ナシ	ナシ	**徒刑十四年**	ナシ	身分証明前科の有無	
体刑二年 短期二年 懲役　年	体刑数回 短期数回	重禁固三月	重禁固一月	保護以前の前科刑期	保護以前の前科
ナシ	ナシ	**重禁固三月**	**重禁固一月**	身分証明の前科有無	
重禁固二月 同　一月	–	–	–	保護以後の犯罪刑期	保護以後の犯罪
ナシ	–	–	–	身分証明の前科有無	
–	–	明治二十二年	明治二十三年	明治十五年犯罪人名簿作成の後	処刑宣告年月
明治十四年	明治十三年	–	明治十一年	同犯罪人名簿作成規定の前	
–	–	–	所犯	在籍地方にて	所犯地と在籍地
外ニテ放浪先	外ニテ放浪先	外ニテ放浪先	–	在籍地外にて	

10	9	8	7	仮　号	当所にて保護の前科
東京	東京	札幌	京都	宣告裁判所名	
懲役終身	徒刑十三年	徒刑十五年	徒刑十五年	保護当時の前科刑期	
強盗	謀殺	強盗	強盗	罪　質	
東京	東京	札幌	京都	裁判所	
豊多摩	下谷	新潟	京都	証明役場	
ナシ	ナシ	ナシ	ナシ	身分証明前科の有無	
–	–	–	–	保護以前の前科刑期	保護以前の前科
–	–	–	–	身分証明の前科有無	
–	–	–	–	保護以後の犯罪刑期	保護以後の犯罪
–	–	–	–	身分証明の前科有無	
–	明治十七年	明治二十年	明治二十五年	明治十五年犯罪人名簿作成の後	処刑宣告年月
明治九年	–	–	–	同犯罪人名簿作成規定の前	
所犯	所犯	–	所犯	在籍地方にて	所犯地と在籍地
–	–	外ニテ放浪先	–	在籍地外にて	

14	13	12	11	仮号	
東京	高知	栃木	徳島	宣告裁判所名	当所にて保護の前科
懲役終身	無期徒刑	徒刑十五年	無期徒刑	保護当時の前科刑期	
強盗	強盗	強盗	強盗	罪質	
東京	高知	栃木	徳島	裁判所	
浅草	小石川	浅草	徳島	証明役場	
ナシ	ナシ	ナシ	**無期徒刑**	身分証明前科の有無	
–	重禁固六月	–	重禁固一月半 同　三月 同　四月	保護以前の前科刑期	保護以前の前科
–	ナシ	–	重禁固一月半 同　三月 同　四月	身分証明の前科有無	
–	–	–	–	保護以後の犯罪刑期	保護以後の犯罪
–	–	–	–	身分証明の前科有無	
–	明治十六年	明治十九年	明治二十五年	明治十五年犯罪人名簿作成の後	処刑宣告年月
明治十三年	–	–	–	同犯罪人名簿作成規定の前	
所犯	所犯	–	所犯	在籍地方にて	所犯地と在籍地
–	–	外ニテ放浪先	–	在籍地外にて	

18	17	16	15	仮号	
東京	東京	東京	東京	宣告裁判所名	当所にて保護の前科
懲役終身	徒刑十三年	徒刑十四年	徒刑十五年	保護当時の前科刑期	
強盗	強盗	強盗	強盗	罪質	
東京	東京	東京	東京	裁判所	
愛媛	芝	麹町	埼玉	証明役場	
ナシ	ナシ	ナシ	徒刑十五年	身分証明前科の有無	
–	重禁固四月	重禁固一月 同　三月	–	保護以前の前科刑期	保護以前の前科
–	ナシ	ナシ	–	身分証明の前科有無	
懲役三月	–	–	–	保護以後の犯罪刑期	保護以後の犯罪
懲役三月	–	–	–	身分証明の前科有無	
明治四十五年	明治二十年	明治二十年	明治十八年	明治十五年犯罪人名簿作成の後	処刑宣告年月
明治十四年	–	–	–	同犯罪人名簿作成規定の前	
–	–	所犯	–	在籍地方にて	所犯地と在籍地
外ニテ放浪先	外ニテ放浪先	–	外ニテ放浪先	在籍地外にて	

21	20	19	仮号	
浦和	東京	長野	宣告裁判所名	当所にて保護の前科
徒刑十二年	懲役終身	徒刑十二年	保護当時の前科刑期	
放火	強盗	強盗	罪質	
浦和	東京	長野	裁判所	
埼玉	牛込	長野	証明役場	
ナシ	ナシ	徒刑十二年	身分証明前科の有無	
–	–	重禁固十月 同　五月 同　八月同　三月	保護以前の前科刑期	保護以前の前科
–	–	重禁固十月明治十九年 同　五月　同二十年 同　八月　同二十一年 同　三月　同二十二年	身分証明の前科有無	
–	–	–	保護以後の犯罪刑期	保護以後の犯罪
–	–	–	身分証明の前科有無	
明治二十五年	–	明治十七年	明治十五年犯罪人名簿作成の後	処刑宣告年月
–	明治十二年	–	同犯罪人名簿作成規定の前	
所犯	–	所犯	在籍地方にて	所犯地と在籍地
–	外ニテ旅先	–	在籍地外にて	

		25	24	23	22
当所にて保護の前科	仮号	25	24	23	22
	宣告裁判所名	新潟	浦和	東京	東京
	保護当時の前科刑期	徒刑十二年	無期徒刑	懲役終身	懲役終身
	罪　質	故殺	強盗	強盗	放火
	裁判所	新潟	浦和	東京	東京
	証明役場	本所	南葛飾	巣鴨	芝
	身分証明前科の有無	ナシ	ナシ	ナシ	ナシ
保護以前の前科	保護以前の前科刑期	–	重禁固一年	–	–
	身分証明の前科有無	–	ナシ	–	–
保護以後の犯罪	保護以後の犯罪刑期	–	–	–	–
	身分証明の前科有無	–	–	–	–
処刑宣告年月	明治十五年犯罪人名簿作成の後	明治二十一年	明治十八年	–	–
	同犯罪人名簿作成規定の前	–	–	明治十一年	明治十三年
所犯地と在籍地	在籍地方にて	所犯	–	所犯	所犯
	在籍地外にて	–	外ニテ旅先	–	–

29	28	27	26	仮号	
名古屋	岐阜	東京	前橋	宣告裁判所名	当所にて保護の前科
徒刑十五年	徒刑十三年	懲役終身	徒刑十五年	保護当時の前科刑期	
強盗	強盗	強盗	強盗	罪　質	
愛知	岐阜	東京	前橋	裁判所	
神田	神田	南葛飾	牛込	証明役場	
ナシ	**徒刑十二年**	**懲役終身**	ナシ	身分証明前科の有無	
重禁固六月 同　八月	–	–	–	保護以前の前科刑期	保護以前の前科
ナシ	–	–	–	身分証明の前科有無	
–	–	–	–	保護以後の犯罪刑期	保護以後の犯罪
–	–	–	–	身分証明の前科有無	
明治二十一年	明治十九年	–	明治二十四年	明治十五年犯罪人名簿作成の後	処刑宣告年月
–	–	明治十四年	–	同犯罪人名簿作成規定の前	
–	所犯	所犯	所犯	在籍地方にて	所犯地と在籍地
外ニテ旅先	–	–	–	在籍地外にて	

30	仮　号	
東京	宣告裁判所名	当所にて保護の前科
徒刑十三年	保護当時の前科刑期	
強盗	罪　質	
東京	裁判所	
大森	証明役場	
ナシ	身分証明前科の有無	
重禁固六月 同　八月	保護以前の前科刑期	保護以前の前科
ナシ	身分証明の前科有無	
–	保護以後の犯罪刑期	保護以後の犯罪
–	身分証明の前科有無	
明治二十年	明治十五年犯罪人名簿作成の後	処刑宣告年月
–	同犯罪人名簿作成規定の前	
所犯	在籍地方にて	所犯地と在籍地
–	在籍地外にて	

右の如く三十に対する

「前科有り」と罪刑名を記して証明したもの　六件

「前科無し」と証明したもの　二十四件

しかもその有無の証明についてもまたすこぶる曖昧である。例えば

重罪の前科については答えず、ただ釈放の年月を示し、かえってその以前に在った短期刑一月を証明したもの　一件

東京市内では震災により公簿焼失につき不明、震災時後には前科ナシと証明したもの　一件

重罪の前科については有無を答えず、近き明治四十五年に於ける短期三月刑一有りと証明したもの　一件

斯くの如く前科ナシと答えたものは、その前科の記載無かりし筈と認むべき明治十四年以前のものに就いてのみではなく、明治二十五年までの十年間にさえも、不確実な記載しかなかったと云うて差し支えないと思う。三十人の事実は大海の一滴、考証とするには余りに軽微なれど、以て全国の現在犯罪人名簿の不完全、不正確、誤謬、脱漏を立証するに足る。いかにしても公の準拠とする記録としては余りに杜撰なものでは無いか。

24　転籍の場合にはしばしば移牒脱漏がある

第三の理由は、転籍の場合にも脱漏が出来ることである。戸籍簿へ明白に犯罪人名簿への合印を附せば、戸籍簿一覧を許す場合に符合を以て前科者なることを暗示するようになる。これを避けて、ある戸籍役場では些《ささ》やかな形印を戸籍簿の紙端に捺《お》す。あるいは筆の軸尻にて輪を捺す。

然らざれば赤色の紙片を貼る等のことを慣例としている。それ故転籍移送の際繁忙な吏員は随分これを見落すことが有り得る。見落されれば転籍大赦だ。罪跡なき無垢の国民となれるのである。そこでこの名案を利用して苦痛より免《まぬ》がれようとして、故意に再三転籍する。御承知の通り戸籍と居住とには連絡はない。何処へ本籍を移そうとも、家主の連署も地主の承諾印も要しない。唯だ戸主の一判で何処へでも転々されるのである。幾度か転籍するその間には犯罪通知の添付が落される。この仕方を彼らの慣語に「前科ノフヽリヽオヽトヽシヽ」と云う。

ある時私は斯んな誘惑にも会った。一被保護婦人の婚姻に当たって前科が有るのですこぶる困って居た。ある日某官衙《かんが》に出た際、知り合いの高官にこのことを語り、何らかの良い方法がなかろうかと話したところ、高官はおもむろに云われた。「君それは二、三回転籍させて見給え。落ちるよ。左様でなければ君のことだから役場に往って事情を話すと、役場吏員がわかった奴なら通牒を握り潰してくれるよ。つまり添附の通牒が不達であったからと云って、取扱吏員に別段咎めは掛らないのだから、掛員が了解すればやってくれるよ」と確かに確信のあるらしい伝授であったには私も茫然《ぼうぜん》とした。これが公職を取っている高官の教唆である。これまた犯罪人名簿の不確実を示す物語ではないか。

25　新たに就籍する前科者は犯罪登録が無い

第四の理由は、新規就籍者には前科登録がない。無籍であって新たに就籍した前科者には前科登録がない。それが事実であれ無実であれ、刑は籍に課するのではなく本人に課するのであるからと云うので、兎も角も無籍者で処刑を受ける。そうして釈放後、就籍許可の申請をする。無籍なりし原因に就いては細密に調査はあるが、もともと無実の申告だから無籍なりし証拠は挙がる。就籍は許可になって現住地へ入籍して一国民となる。その調査中は明らかに犯罪者として入獄した証拠はあり、前科者であることは明瞭だが、しかし戸籍役場へ裁判所から改めて犯罪通知をすることは為ない。その通知をなすべき規程が無いのに因ると戸籍判事は答える。そこで無籍の前科者は、一戸を創設して就籍すれば、前科なき無垢の一国民となれるのである。

私もこの手を喰って就籍させられたのがあった。しかし後年そのことは明らかに知れたが、悉く善意から出て居たので、私も追究しなかった。彼は旧縁者に対しては、長年海外出稼ぎをしていて音信を欠いたと吹聴して旧誼《きゅうぎ》を温めた。彼は昨年の夏死亡したが、一女と小一万価格の資産を遺したので、未亡人は娘に婿を迎え、今も父の業を継ぎ、家作業《かさくぎょう》で立派に生活している。

彼が無籍で頑張ったのは、彼が養子先きの家庭の不和で心ならずも家を飛出した揚句、飢《き》渇《かつ》に迫って窃盗に入ったところが、被害者が強硬に防御して自らの身が危くなったので、免れようとして棒を振って被害者に傷つけ、遂に現場で逮捕されたもので、窮余《きゅうよ》とは云えこの非行を恥じて再び郷国を踏まず、立身成産の後、近年になって郷国を訪れ、温かき交際の間に、近親の看護を受けて冥目《めいもく》した。しかし彼の非行は全然郷親に知られないでしまったのであった。私との交際は旧年仕えた主人と吹聴していた。

26　本籍氏名詐称受刑者の本籍には犯罪登録はして無い

第五の理由は、本籍氏名詐称受刑者の本籍には前科登録はして無い。氏名籍名を詐称して受刑し、服役を畢えた者が本籍地へ帰れば、本籍には一点の汚れも無く無垢清浄の一国民である。私が監獄教誨師の職に在りし時、しばしば改心遷善の囚徒が郷貫《きようかん》氏名を詐称したことを悔い自首し、その実跡を告げて郷里に音信し、父母近親への謝罪通信をした者があった。それが出獄後郷里に帰る。郷に入りては、漁業出稼ぎなどにて郷信を欠いたと吹聴し謝罪して旧誼に復《ふく》す。素《もと》より刑の宣告は偽名にて受けたもの故、犯罪通知は無いから郷村に在りては無垢の人民である。私の保護の下に来たって身を固めて産をなしてから詐称偽名を自白し、本籍に復帰した者も多人数あった。

総じて戸籍役場は検事局の犯罪通知を受理し、籍名氏名の勾当《こうとう》しないものは直ちに返戻《へんれい》するのであるが、裁判所としては、それ以上は本人に就いて再調《さいちょう》さるる等のことは無いらしく、それきりのようであった。

27　公簿焼失の役場では前科も焼失

第六の理由は、公簿が焼失した役場には再備え附けはしない。犯罪人名簿記載の精粗は別問題としても、全国に亘って六十一年間の星霜には、火も有り水も地震もあった。現に東京市に於いてすら、日本橋、京橋、本所の三区、下谷区の一部は、大正十二年の震火で公簿は悉く焼失した。その後そこで身分証明を要求するものには、大正十二年九月一日以後刑罰を受けたること無し、その以前は震災のため公簿焼失につき不詳と記して証明して居る。つまり前科焼失と云う仕合わせである。そうかと思って居ると、最近（昭和三年五月二十日）私が保護した者で、三十一年前釈放の改善者が在籍地区役所へ身分証明を要求したら、震災焼失の役所で、その方は前科があるから刑罰を受けたること無しと記入した身分証明書は交付されぬと、僅か数枚を綴《つづ》った薄い綴《と》じ込み帳簿に参照して答えた（もちろん復権者だが）と本人は恐縮して帰り来たって物語った。この人はもちろん昭和二年二月に復権した者であるから、決して右様のことを言われる筈がない。斯かる点は甚だ曖昧麁雑《そざつ》である。兎に角杜撰だと云うことだけは明らかに見える。

28　犯罪人名簿は犯罪捜査の要具

犯罪人名簿取扱いに当たる官吏はこれを以て犯罪捜索の具に緊要な公簿であると云うが、然りとすれば、それ程の大任を負わせるものには、余り懸け隔った放漫粗雑な記録ではないか。よしんば改良整理した処で、十年はまだしも二十年三十年、否な五十年六十年の先《さき》、還暦戊辰の昔噺までが、何の用に立つか。徒らに簿冊を増大し、取扱いにも保管にも、更に処務捜査にも不便極まるばかりではあるまいか。

されど我らといえども犯罪人名簿が犯罪捜査の参考となることを充分に認める。しかしその調査期間は、前の犯罪に関連を有って再犯誘発の惧《おそ》れある三年ないし五年、長く見て十年間を警戒あるいは保護する期間と見て、充分と信ずる。三十年も五十年も永久にこれを抹消する手続を持たず、徒らに改善せる前科者を苦しめるのは、余りに芸のない話と云わなければならない。

九　身分証明の行路難

29　前科者の活路を鎖す官門一〇三

我が刑法は、曩《さき》に改正して公権剥奪刑を削除し、法に於いては権利の公道を真っ直ぐにした。それは人権思想の進歩の賜《たまもの》であろう。しかし実際は我ら人間の取らねばならない生活の手段、即ち就職の資格に於いて、前科者たる数百万同胞は、正に活路を遮断されているのである。

国法は一度《ひとたび》過《あや》まった国民に対して一定の刑を課し、その間これを改善せしむべく出来得る限りの方法を尽くすが、しかし既に刑の執行を終了すれば、これを社会に送りかえすのである。この場合に於いても社会の安寧保持の為め相当の方法を取って居る。その方法の中で最も惨酷なのはこれに前科者という称呼《しょうこ》を附して、その身分証明書に、その前科または恩赦を受けて前科が消滅し、あるいは復権したることを詳記することにして普通国民と差別待遇し、その生存する活路を拒止《きょし》していることである。刑法に於いてこそ公道を歩む権利を剥奪して無いが、人間活路の入口には、何処にも厳重に門を鎖《とざ》し、身分証明書と云う入門証の携帯を求める。即ちこの人間は刑罰を受けたること無し。些《さ》の罰金過料も、数日の禁錮にも処せられたことなしと明記した証明書を持って居なければ、活路の門には這入られないのである。

この点より推論すれば、我が国の前科者は、安全に勤続し、業務に熟し、年毎に精勤を認められ、立身昇給収得増加、家族を養うに足る活路に入ることは到底不可能なのである。会社工場ないし大衆事業場でないにしても、求職者が望む個人の家庭商家工芸家でも、身分証明無しには就職は出来ないのが実状であった。

この取扱いには従来の釈放者保護事業当事者は、実に苦労したものであり、また前科者自身もいかばかり苦しんだことであろう。前掲のいわゆる戸籍が汚れると云う一件と並んで、彼らが最も苦痛とし、悲嘆の涙にくれたものであった。

かつて中央社会事業協会に於いては、釈放者保護問題調査会と云うものを組織し、二、三年間に亘ってこの問題を調査し、遂に建議として政府に訴える処があったが、今その報告書（大正十四年十二月十五日刊）を見るに、官公署に於いてその傭雇人採用規則中に刑に触れたる者を採用せざる法令規程百〇三件あり（なお調査漏れありと私考《しこう》す）。而してこれに倣うて、民間事業また同様の除外規則を置いて居るのであるから、如何に前科者就職の範囲が減縮されて居るかを想像することが出来る。

30　頑固な鉄道省門

これに就いてこんな頑固な排斥事例がある。本所区錦糸町出張鉄道省工作所の如きは、復権裁可の者でも採用しない。その理由とするところを聞けば、法規に明示して曰く、

大正六年一月三十一日達第五三号　鉄道省工場傭人資格規程

第一条　左ノ各項ニ該当スル者ハ工場傭人タルコトヲ得ス

一、二、三、（省略）

四、禁錮以上ノ刑ヲ受ケタル者

とある故に、受刑の後、大赦特赦になっても、復権になっても、既に刑を受けた者であるが故に採用は出来ないと云うのである。これに依って解雇された本人は、既に臨時雇いで若干の期間就職した習熟者であった。且つ温厚な人物でその前科も極めて軽微短期刑で、釈放後の年月も遠く三十二年を経過し、工場主任もこれを承知の上で使うてくれ、おいおいその勤務振りも認められて取り立てを受け、やがて本雇いに昇進するようになっていた当時、計らずも復権御裁可になった。爰《ここ》に於いて本人は天にも昇る心地で、直ちに本籍役場へ要求して身分証明書を受領したのであった。然れどもわが日本の鉄道省へは、遂に恩赦の復権も無効力であった。

この排斥はすこぶる無理解なもの故に、私からも主任官吏へ復権の性質や、彼の復権の事情を再三弁明して反省を求めたが、どうしても許諾を得なかった。この処置は人事係主任の計らいだけではなく、課長等上席者協議の答えで、鉄道省の解釈と認むべきものであった。この他同種の実例は決して乏しくない。

これは甚だ狭い一実例ではあるが、わが日本の社会対前科者同胞との間隔は斯くまで遠くあった。前科者の悲嘆、累犯者の呪咀は、決して所以無きものであるまい。活路の遮断貫鎖《かんさく》は死刑に優る惨刑《ざんけい》である。死刑ならばその本人一人の命を断つに過ぎない。しかしこれはその家族幾人かの命を合わせて断つものである。

この死の苦痛から救い、改善前科者を蘇らせたものは実に左の公達《こうたつ》であった。

31　前科者の活路に入れる第一号門

司法省の照会に基づき内務省より地方長官へ発せられた通牒

内務省発地第一一五号
大正八年六月二十五日　添田内務省地方局長
県知事　殿

身分証明の際効力消滅の刑事裁判省略に関する件通牒

受刑者の大赦、または刑の言い渡しの効力を失うべき特赦の恩典に浴したる場合、並びに刑の執行猶予の言い渡しを受けたる者が之れを取り消さるることなくして該猶予期間を満了したる場合に於いては、法令上当然刑の言い渡しを受けざると同一に看做《みな》すべきものに之れ有り、また受刑後一般復権の恩典に浴したる場合に於いても、一切の資格を回復せらるるものなるを以て、ほとんど前三者と選ぶ所なき次第に之れ有り候処、従来之れらの者に関し、雇傭その他の必要上その本籍役場に対して前科の有無に付き証明または回答を求むるに当たり、当該市区町村長中往々にして本人が受刑者たること、及び右恩典に浴したるものなる旨を記載したる証明書等を交付し、または之れを告知することあり、為に本人に於いて失職または就職拒絶の不幸を見るものあるやの聞く之れ有り、右は折角与えられたる恩典の趣旨にも反し、甚だ遺憾の次第に之れ有趣、司法省より照会之れ有り候条、今後前記恩典に浴したるものに付いては官公署に差し出すべきもの、または官公署よりの照会に係る場合を除く外一切、その受刑者たりしことを証明、または告知等為さざるよう示達方御取計相成りたし

これに依って復権前科者は、始めて無刑罰身分証明書を獲られるようになった。

然るに右通牒の末項に官公署に差し出すべきもの、または官公署よりの照会に係る場合は除外されてある。それで東京で云えば砲兵工廠《こうしょう》を始め、府、市の工業場等最も多く工人の使用される処へは、全然この恩恵が達せなかった。従ってこれのみにては事実上には甚だ効力が弱く、私ども保護者は甚だ困って居た。

32　官公工業門も開いた

折柄我々と悩みを同じくする向きがあって、長崎県からこういう照会が出て、内務省から司法省へ照会になった。

八地第二五五五号

大正八年七月十八日　長崎県知事

内務省地方局長　殿

身分証明の際効力消滅の刑事裁判省略の件照会

六月二十五日発地第一一五号を以て標記の件御通牒相成り候処、雇傭等の場合は官衙公署に於けるものをも同様に、その証明に受刑者たりしことを明記せざるときは本人の為頗《すこぶ》る有利と認められ候、殊に本県佐世保市の証明要求者の多数は海軍工廠の就職希望者に付き、御通牒の通り取り扱うに於いては支障尠《すくな》からず候条、一応御考慮の上何分の御回示相仰ぎたし

右照会につき関係官省の合議を経て、大正八年十月七日刑甲第八五四号を以て、司法省刑事局長から本件につき同意の旨内務省へ回答され、内務地方局長から各地方長官へ左の通牒が出た。

内務省発地第二六五号

大正八年十月十五日　添田内務省地方局長

県知事　殿

身分証明の際効力消滅の刑事裁判省略に関する件通牒

本年六月二十五日発地第一一五号を以て官公署に差し出す証明、または官公署の照会につき大赦、または刑の言い渡し効力を失うべき特赦、もしくは一般復権の恩典に浴したる者、並びに刑の執行猶予の言い渡しを受け、取り消さるることなくして該猶予期間を満了したる者の刑事裁判記載省略の件に関し及び通牒候処、右は爾今《じこん》特にその事項に関し証明の願い出、または照会ある場合を除き通常官公署に差し出すべき場合の証明、または官署の照会に対する回答に付いても総べて省略することに決定相成り候条、市区町村長に示達方しかるべく御取計相成りたしここに於いて多年の困難がようやくに解決さるるを得た。それは政府当局者が能く前科者の生活状態に考慮を払い、その保護遷善の計として、就職融和の為めに労を惜しまず力を添えられた結果である。しかしながら地方ごとに散在する町村役場等には、趣旨の通達甚だ鈍く、しばしばそれに背反する処置に会い、我ら直接保護の任に当たる者は、随分とも困却することがあった。

その内に司法当局もまた釈放者保護奨励の為め、大正九年十月司法大臣官房に保護課を新設され、検事宮城長五郎氏を保護課長に任じたのは大正十年六月であった。同氏は釈放者保護に最も深く意を注がれ、各般の施設を以て刑余者を救援し、復権前科者無刑罰身命証明の如きにも多大の注意を払われ、改めて全国裁判所長、検事正への通牒を発せられたのもこの頃であった。

33　前科者の活路に入れる第二号門

曩に第一号門は開かれたが、公吏の解釈が面倒でなかなか趣旨が貫徹しない。無刑罰の身分証明は容易に受け取れなく、私ども保護者は悉く困った。折柄、左の通牒が発せられたので、通行はややなめらかになった。

司法大臣官房保護課　保第五、〇七六号

大正十四年三月二十日　司法次官　林頼三郎

地方裁判所長

同　検事正　御中

市区町村長に於いて身分証明に際し効力消滅等の刑事裁判記載省略方励行に関する件通牒

受刑者が大赦、または刑の言い渡しの効力を失うべき特赦、もしくは一般復権の恩典に浴し、または刑の執行猶予の言い渡しを受けたる者が之れを取り消さるることなくして該猶予期間を経過したる場合に於いて、市区町村長が之れらの者に対する前科の有無に付き証明または回答を求められたるときは、仮令《たとい》官公署に差し出すべきものまたは官公署よりの照会に係るものに付いても特にその事項の証明に付き要求無き限り、総べて之れを省略すべきことは既に各府県知事より市区町村長に対し訓達せられ、居候所にして別紙参考書類に徴するも明瞭なる次第に之れ有り候、然るに今なお之れを遵守せざる向き之れ有り候わば、畢竟取扱者の未熟または不注意に因るものと思料《しりょう》され、司法保護事業遂行上甚だ遺憾とする所に之れ有り候、就いては管内戸籍吏の協議会その他適当なる機会方法を利用してその趣旨を伝達し、司法保護事業遂行上に於ける叙上の障害を除去するよう御配慮相成りたく候

（参考書類八件略）

しかしこの通牒に依る取扱いは、元来刑罰を受けたものを刑罰を受けたることとなしと事実相違の証明をすることであるから、勢い公史として虚偽の証明を為すものなりと云うので、取扱い公吏間にもなかなか異議があった。そこで東京市などでは、前記の指示に従って刑罰有無欄へ単に「記載事項省略」と記入したが、それでも意義を表明しないと云う説が起きて、更に昭和二年十月の戸籍係協議会に於いてこれが訂正を行い、「記載事項無シ」と記入することに決定し、爾来実行して居た。

34　私の苦い経験

この証明方法に由っても私は悉く苦い実験を嘗《な》めさせられた。ある復権前科者は、その頃長男某が高等小学校を卒業して大工場の給費生に採用された。本人は未成年者であるので、戸主父の保証書及び戸籍謄本、父の身分証明書を差し出さなければならない。在籍現住者であるから、型の如く役場にこれを請求した。而して得た所の身分証明書は、刑罰有無欄に於いて「記載事項無シ」と記入してあった。しかし子供も父も何の気付きなくこれを携えて出た。子供のことだ、もちろん何の他意あるべき筈もないから、同輩の採用者と共に書類を見せ合った。「アラ、君のは違ってる。君のだけ文句が違ってる」と早速に問題になった。採用掛りの人事主任もなるほど君一人だけが違うねえ、皆の阿父《おとう》さんのには刑罰を受けたることなしと書いてあるが、君の所のだけ記載事項なしだねえ、と不審の間にその日は受け付けられた。子供は急ぎ帰宅してこれを父に告げた。父は素より前科の烙印《やきいん》を押されている身の上なれば、早速に役場に出てこれを係り公吏に質問した。公吏は答えて曰く、『足下の身上は一般人《いっぱんにん》と異なる点があるので斯く記載するのが例規なり』と、ここに於いて某も恐懼《きょうく》して退場した。しかし斯くては子供を就職させても早晩父の旧悪を曝露し、子供はもちろん、未だ絶えて知らざりし妻にも長女にもその婿にもなお次女三女にも知られ、おのれらが前科者よ、その子孫よと世に忌避され、懲役者の家族かと知りなば如何に苦悶することかと、堪え難き苦痛を抱いて私に援助を求めて来た。当時私にも他に詮術《せんすべ》は無かったが、彼は兎に角神田の旦那が止めよと仰言《おつしや》る、何かあの工場のことで聞き込んでいることでもあるのだろう、と云う辞柄《じへい》を以て子供の就職は断念させ、外に活路を与えて始末を付けた。しかし世にはなお幾十万のこれと同様の苦痛をなめて居る人があるやも知れない。彼は今相当な産を成し、居住地に在って公共のため名誉職に選挙されている紳士である。彼は関西の人、その前科は青年期に於ける傷害罪で、釈放後既に三十年を経過した順良の国民であるものを、昭和の今日なお前科者の烙印《やきいん》は斯く存して改心改善の者を苦しめているのである。

35　前科者の活路に入れる第三号門

昭和三年五月二十九日即ち最初に無刑罰身分証明の訓示が出てから十年目、またまた左の如き訓達が出された。斯く十年間に三回に亘る達しを出さねばならぬ程、それ程この取扱いが徹底して居なかったのである。それだけまだ物蔭に泣いている者が無数にあるのである。しかし政府当局が、斯く懇《ねんご》ろにその実況を探知して恩恵法令の実行を督励されるのは、我々の深く喜ぶ所である。

司法省刑事局刑事第四六八〇号

昭和三年五月二十九日　司法次官　小原直

裁判所　検事局　刑務所　御中

釈放者身分証明に関する件

復権を得たる者は大赦、刑の言い渡しの効力を消滅せしむべき特赦の恩典に浴したる者、刑の執行猶予の言い渡しを受け、取り消さるることなくして猶予期間を満了したる者と同様に看做し、市区町村長に於いて之れが身分証明を為すに当たりては、官公署より特に前科に付き証明を求むる場合を除くの外、受刑者たる事実及び復権を得たる事実を記載せる証明書を交付せず、またはこれを告知せざることに取り扱わるべき筈（大正八年十月七日刑甲第八五四号通牒）の処、今になお往々右趣旨に背戻《はいれい》する取扱いを為す向きも之れ有り、釈放者保護上甚だ遺憾の次第に付き、今般更にその筋と協議の結果、右に関し別紙写の通り内務省地方局長より各地方長官へ通牒ありたる趣に付き、了知相成りたくこの段通牒に及び候なり

内務省司地第五五号

昭和三年五月十九日　内務省地方局長

司法省刑事局長殿

釈放者の身分証明に関する件回答

本年二月八日　司法省刑事局　刑事第一四八三号を以て標記の件御照会相成り候う処、別紙写の通り各地方長官へ通牒候条、御了知相成りたし

別紙

内務省司地第五五号

昭和三年五月十九日　内務省地方局長

各地方長官殿

釈放者の身分証明に関する件依命通牒

昭和二年二月四日恩赦令中一部改正せられ、同月七日改正恩赦令に基づき復権令公布相成り候処、同令の適用を受け復権の恩典に浴せる者は実に数十万人に達し、聖恩の洪大無辺なる真に感激に堪えざる所に之れ有り候、而して右復権の恩典に浴したる者は大正

八年六月二十五日発地第一一五号、及び同年十一月十五日発地第二六五号を以て身分証明の際効力消滅の刑事裁判省略に関する件通牒に依り、市区村長に於いて右の者の身分証明を為すに当たりては、官公署より特に前科に付き証明を求むる場合を除くの外、受刑者たる事実及び復権を得たる事実を記載せる証明書を交付せず、または之を告知せざることに取り扱う筈に之れ有り候処、今なお往々にして右通牒の趣旨に背戻する取扱いを為す向きも之れ有り、釈放者保護上甚だ遺憾の次第に之れ有り趣、司法省より照会之れ有り候条、**爾今復権を得たる者、大赦、刑の言い渡しの効力を消滅せしむべき特赦の恩典に浴したる者、及び刑の執行猶予の言い渡しを受け、取消さるることなくして猶予期間の満了したる者に付いては、犯罪人名簿に其の旨欄外記入を為したる上、字体を認識し得る程度に於いて朱線を以て名簿の記載を抹消し、之れが身分証明を為す場合に於いては官公署より特に前科に付き証明を求むる場合を除くの外、一般人と同様前科なきものとして取り扱うよう**示達方御取計相成りたし

十　寛大なる身分証明

36　身分証明書とはどんなものか

身分証明とは、人が就職、婚姻、養子縁組その他の必要から、本人が刑罰を受けたことの有無、または家資分散、破産その他の事件について公の証明を要する場合、本人の願い出により戸籍吏がその申請書に奥書《おくが》きし証明することを云うのである。されば身分証明は前掲司法当局の訓令にあるように、前科者中大赦特赦復権の恩典に浴した者に就いては、実に寛大な処置（それは正当なる解釈上には矛盾あるものとは云え）を取ることになって居る。

まずその証明書の形から例を示そう。

第一例　大赦を受けた者の身分証明書

証第二九二号

証　明　書

東京市神田区元柳原町三十番地

戸主

原胤昭

嘉永六年二月二日生

一、刑罰ヲ受ケタルコトナシ

一、家資分散、破産ノ宣告ヲ受ケタルコトナシ

右証明ス

大正十四年二月二十四日　東京市神田区長　山県銭蔵

第二例　特赦を受けた者の身命証明書　この当人は窃盗前科九犯の者で特別特赦を受けた人である。

身分証明願

一、前科　ナシ

一、民事上ノ処分ヲ受ケシ事　ナシ

右ノ身分御証明下サレタク此ノ段願イ上ゲ候ナリ

大正十四年三月二十六日

○○市○○町五百五十三番地

○○○○印

○○市長

石橋為之助　殿

右の通リ相違之レナク候ナリ

大正十四年三月二十六日　○○県○○市長　石橋為之助　市長印

第三例　前科有る者の身分証明書

身分証明書

神奈川県○○郡○○村字○○二八六二

平民　○○年次郎二女

○○まん

明治二十五年十月二日生

右の身分証明相願イ候ナリ

大正七年一月十七日　右　○○まん

神奈川県○○郡○○村長　山口八五郎　殿

右の出願ニ付キ調査シ、候処、左記ノ通リ相違之候にツキ証明ス
（肩書年齢前記ニ同シ省略）
○○まん
一、明治四十二年四月二十九日東京区裁判所ニ於テ窃盗犯ニ処セラル
一、家資分散破産ノ宣告又ハ身代限リノ処分ヲ受ケタルコトナシ
右村長　山口八五郎　村長印

37　身分証明が無いから喰ってゆけない

前科者が身分証明に依って差別待遇を受けるということが、我ら保護事業者にとっていつもどんなに困るか知れない。少し多人数を収容保護すれば、いずれか多数の工人を使用する工場会社、または官公業の工場に使用先を求めねばならぬ。私の保護所に最も多人数を収容

したのは、明治三十年から同三十五年頃までで、収容寄宿人員は常に百を超えた。それも大抵は強窃盗累犯の重罪長刑期を終えた壮丁《そうてい》であった。これを職に就け活路を与えんとするには、どうしても官民業の大工場に使用して貰うより外は術がなかった。この際有前科の身分証明書は正に鋭利な奮職刀《だつしよくとう》、活路の射断銃《しやだんじゆう》であった。当時私は幾度か政府当局にこれを訴えた。出獄人の保護を奨励しながらその活路を閉塞する法規を存し、而して民業をこれに倣《なら》わしむるは矛盾もまた甚しからずやと、その理由を詰《なじ》ったが、当時官憲の主張する処は、国民の身分を公認して公簿に登記するは、国民の資格を糺す当然の公務である。賞に於いて叙位叙勲褒章等を、罰に於いて刑罰を、資産に於いて家資分散、破産等を記録する。故にその身分を問う者あればこれに答え、証明を求むる者あれば証明書を附与するというのである。これに対しては当時他に仕方無く、さりとてこの難関を踏破しなければ、被保護人を生かす道が無く、全く困却したのであったが、それでも建築業清水組、龍紋製氷会社、東京瓦斯《ガス》会社及び東京市水道土木工業所等では保護主管者の責任を以て人物を保証すると云う条件で使用してくれた。幸いにそして私が保証した人々には、遂に些の過誤もなかったのは、天佑《てんゆう》であったと思う外は無い。否、それは単に天佑と云うべきではない。正にその被保護人たちが、自らを制し報恩改善の実を挙げ得た当然の結果であった。

38　刑の執行猶予者と犯罪人名簿

現刑法が実施された大正初年頃からの累犯率の上昇に鑑みて、刑の執行猶予、微罪起訴猶予の処分を励行されたので、私も一層これらの人々の保護に努めた。この分の人員は随分多く、一ヶ年に八、九百人を収容したが、比較的好成績であった。この種の保護に就いての唯一の権威は、戸籍の汚れぬこと、即ち彼らの犯行が裁判所より本籍役場に通知されてはあるが、確定的に備え付けの犯罪人名簿へは登録されずにあるぞ、執行猶予期間を無事に満了すれば、前科者の烙印《やきいん》は捺され無いぞ、と云うことが強い楔《くさび》になった。それで彼らもその気になって一生懸命に辛抱したものである。

然るにたまたま私が保護した一人が、執行猶予期間を無事に満了し、さて就職上の必要があって、身分証明書の交付を本籍役場へ求めると、早速左の如き事項記入の証明書が通達されたのである。

39　刑の執行猶予満了者の身分証明書

身分証明書

愛知県○○郡○○村

○○○○

一、刑罰ノ有無　明治　年　月　日　裁判所ニ於テ　罪ニヨリ重禁錮　宣告

○年間執行猶予
一、明治○年○月○日執行猶予期間満了
一、家資分散破産ノ宣告ヲ受ケタルコトナシ
右証明ス
愛知県　村長　○○○○　印

こういう証明では、折角の執行猶予の無事満了も全くの水の泡だ。今でもこんな程度の公吏があるかと長太息《ちょうたいそく》したが、さて捨てて置けないのは彼の身の上で、この方ではこれに由って就職の資格が確定するのだから、そこで恐れながら申し上げますが、御承知の通り今の法律には、斯く斯くあって刑の執行猶予期間を無事満了すれば、刑罰の痕跡は消滅したものであります。公務御多端《ごたたん》の楔御取扱者の御気付無かりしものと察し上げますと、叮寧《ていねい》な説明書へ再び手数料返信郵券を添えてやると、何らの書添もせず

一、刑罰ヲ受ケタルコトナシ　と云う証明書を送ってくれた。こう云うことは二度や三度では無かった。私はその説明返信用の謄写版刷りを備えて置いた程であった。

40　復権裁可になった前科者の身分証明書

○○○と云う者が復権裁可になった。復権状の下附が済むと、直ぐに身分証明書を本籍役場へ請求した。彼は就職口の各般の試験に及第し、採用の許諾を通告された。身分証明書さえ提出すればそれで就職は確定し、安泰な生涯に入られるのだから、回答の到着を待ちこがれた。さて着いた手紙を開いて見ると、左の如くであった。

水庶収第三三九号

大正十四年三月二日　岩手県○○郡○○町長　高橋悌三郎　印

身元証明書

岩手県○○郡○○町塩竈○○○番地

戸主　平民

○○○○

明治八年七月二十三日生

一、前科窃盗重禁錮六ヶ月監視六ヶ月（盤井支部）大正十四年一月三十日特典ヲ以テ復権ノ旨同年二月二日盛岡地方裁判所検事局通知ニ因ル（盛地検第一四五号）

一、禁治産者及準禁治産者ニアラス

一、家資分散ノ宣告ヲ受ケタルコトナシ

一、兵役ニ関係ナシ

右各項相違ナキコトヲ証明ス　以上

何のことか、こう前科の顚末《てんまつ》を明白に書かれる程なれば、復権も恩赦も有りはしないと、泣く、怒る、公務を罵る、ジダンダふんでさんざんに毒舌を吐いた。私は早速鄭重な文書を以て前記司法省内務省の通牒等の写をも添えて再調査を該町長に要求した。

本人は夕飯後就職先へ戻った。それから幾日かたって本籍役場の返書は来た。直ぐ使いをやって呼び迎え開封して見ると、左の如き証明書であった。

水庶収第五〇七号

大正十四年三月二十八日

岩手県〇〇郡〇〇町長　高橋悌三郎　印

身元証明書

岩手県〇〇郡〇〇町〇〇〇番地

戸主　平民　〇〇〇〇〇

明治八年七月二十三日生

一、前科無シ

一、禁治産者及準禁治産者ニアラス

一、家資分散ノ宣告ヲ受ケタルコトナシ

一、兵役関係ナシ

右各項相違ナキコトヲ証明ス

これで本人もようやく喜悦の色を顔に表した。

41　危うく自殺されるところ

そこで私は、何故常になく数日間も私方へ来訪しなかったかと彼に問うたところ彼は顔を赤らめながら、失望の余り自殺を思い立ち、幾夜さも水辺や線路をさまようて歩いて居たと云うのであった。

彼のこの行為は強い羞恥心の表れである。彼は青年時代に、五円金券一枚の窃盗で六ヶ月の重禁錮の刑を受けた者である。出獄後妻をも迎え二子をあげ今では小産も出来、生計にも難くないのであるが、彼の羞恥心は、郷里に止まって祖先の墓前に足跡を止め兼ね、遂に上京して、一家を新設自営し、祖先へ謝罪するため苦行を重ねて居るのであった。

以上間違って困った実例を挙げたが、それでもこれはとも角も「前科ナシ」と云う証明を頂ける身分にまで回復した人達である。

十一　無限に追放さるる同胞

42　無期日本全国追放

斯く現行制度で前科者を差別している実情はあたかも無期日本全国追放である。あるいはこれを全世界追放とまで延長し、パンを与えず、ベッドを貸さず、そうして一方には喰え、飲め、憩《やす》め、働け、兵に出ろ、税を納めろ、と云うのである。これでは彼らの生きる道は全く無いではないか。飢えて喰らえば無銭飲食、倒れて息《いこ》えば家宅侵入罪、そうして再び緊獄の憂き目を見なければならぬ。彼らといえどもまた吾が同胞であり、血を別けた大和民族の一人である。この差別迫害を吾等は唯だ手を束ねて黙過するに忍びない。

これを昔徳川政府時代の制度に見るに、死の極刑を用いたことは今の比類でなく、科刑の量定も重かったのは周知の事実であるが、死以下の刑、遠島即ち流刑以下の刑には悉く赦免があった。最重刑遠島にしても、赦免になれば、尋常無垢の一国民に戻ったのである。追放、所払《ところばらい》等の被刑者も赦免になれば、その古里に帰り来たって何らの検束、監視、警戒は無かった。もちろん求職、就業、傭雇、縁組、婚配に些の支障も無く、従って全然人生の活路に障碍は無いのであった。

刑名は各種に別たれてあったが、江戸払と云えば江戸地域内は追い払われるのであるが、江戸の境界、今で云えば地方境界線を踏み越えれば、もうそこには安全に住えるので、唯だ限定地域だけの追放であった。

然るにこの点に於いて、吾が現行の制度では、日本国中いずれに往っても身分証明を与えられていないので、前科者は拒絶される、否な前科者は、海外旅行券をも交附されないので、海外に出稼移住することさえもできない。ここには前科者の改心も謹慎も全然何の力もないことになるのである。

43　海外に身を立てた可憐の同胞

頃日《けいじつ》私は、海外現住の未知人より涙につづられた秘密の文書を受けとった。彼は青年の頃ふとした出来心からの犯行で前科者となった。釈放後はひたすら改心更生を図ったが、内地には足を止める余地なきを覚悟し、遥か昔の日、窃《ひそか》に法網を潜り出で、近距離より遠距離へと、長き年月に幾度か辛苦の航路を辿り、ようやく足を止める新天地を見出し、ここに住み業を営み、普通以上の有産者となり、遂に部落一の長者とまで立身することが出来た。

しかも旧い非行の痕跡は祖国の公簿に歴然と赤くきらめいて居ることを思えば、我が胸は張りさくばかりに痛む。我が脳裡は寸刻も休むことなく、鬱悶《うつもん》に鎖《とざ》されて居る。畢生の過誤は止むを得ざるものと断念しては居たが、図らずも頃日邦文一雑誌紙上に於いて、私は今回発布される昭和恩赦の恩典に浴するを知り、あたかも蘇生の感があるという、聖帝の高恩を恭しく奉体した信書であった。文拙《つた》なけれども意深く、これに就いて様々な質問を寄せた。

私も深く嬉しく思い、問いに答え所用を弁じ得させたく応援保護して居る。恐らくは、斯かる同胞のなお他にも幾多あるかを想像するに余りありと思う。愛すべき同胞を制度のためとは云え、これを国外に追い、のみならずその同胞血族をして祖国を恨《うら》み呪わしめるは、果たして是か非か、私の了解に苦しむ所である。

44　映画『鮮血の誉』の哀話

世間には弱い者ほどなお強く虐められていることを私は実見する。昭和三年七月五日東京日々新聞の朝刊に、こう云う記事があったのを読者は御記憶のことと思う。

映画『鮮血の誉』を獄中から禁止の哀願

二巡査斬りの強盗　家族を思うて本社へ涙の手紙

去る三月十一日芝区宇田川町鶴の湯を襲い二巡査に斬りつけて捕われた稀代の強盗同区露月町火の番前科四犯渋谷《しぶや》発見《ほつみ》（四七）は、市ヶ谷刑務所の赤い煉瓦塀の中に降り続く梅雨を眺めては後に残した家族のことを思い、恩愛と悔恨の涙に暮れている。この事件は間もなく発見《ほつみ》を逮捕した二巡査を中心に帝キネによって映画化され『鮮血の誉』として全国のファンを感動させていたが、その裏には残った家族が社会から爪はじきされて飢餓に迫っている事実があり、四日本社あてに獄中の発見《ほつみ》から映画の上演禁止方を願う左の書面が到着した。

（前略）私は前科者であります故、兄の名義を無断借用し、大正十三年九月十日より芝区役所の衛生係臨時雇いを拝命し、一昨年十月九日ある人の御世話で府下亀戸町一の九一佐川しげ（仮名）と結婚しましたが、そこには子供が六人ありました。

私はその時から善良に立ち帰って働きましたが、常傭になるので身元調査をされ、昨年九月六日偽名と前科が発覚して役所は解雇されました。それまでは昼は役所に夜は夜警をして糊口《ここう》を凌いでいました。解雇されたその翌月から脱腸にかかって非常に難儀を致し、困窮の結果食うことが出来ません為め、大正十三年から昭和三年三月十一日まで折角改心した辛抱も水の泡となり、遂にやむなく恐るべき犯罪を犯しました。それを考えると、今更ながら残念で、日夜男なきになき通し、後悔の涙を禁ずることが出来ません。

しかしそれが為め、後に残った家族は、私の事件が活動になり広告されたので、これまで家族を世話してくれた親戚も自然遠ざかり、ただ今では世話してくれる人もないのであります。家族は飢渇《きかつ》にせまり食うことが出来ぬのであります。(中略)それを思うと三度の食事も私は満足に食ったことがないのであります。また夜も睡《ねむ》れません程心配しています。刑務所でも今は人の名を出さぬよう保護してくれるのに、活動に出された為めに学校に行くことが出来ぬようになりました。どうか私の心中をお察し下され、今後は私の犯罪事件につき活動に出さないように禁じて戴きたいのであります。(下略原文のまま［表記を現代仮名遣いに、漢字は新字に変換］)

何人か一読してその悲愴なるに同情の涙をそそがないものがあろうか。映画にするのは商売人である。これを検閲認可するのは教訓奨励の為めであろうが、それには他に執るべき資料もあるものを、如何に勇敢なる二巡査の行動に光あらしめんためとは云え、その一家六人を虐殺するに等しい所作をせなくてもよかろうと思う。私は切に希う。検閲官の眼に今少し人情味を入れて貰いたい。私は嘗て改善被保護人の改悔美談を何時か知らぬ間に映画にされて甚だ迷惑し、抗議を申し込んで、その写真の再び用をなさぬほどに改訂させたことが二度もあった。それゆえに被保護人の改悔美談は、幾十年も口を噤《つぐ》んで、文士の切なる懇望を避けて来た。

45　復権の出願には五百円金を要す

人あるいは云わん。彼渋谷某は大正十三年の釈放者とあるから、今回の犯罪までには既に五年を経過し法の恩恵を受けらるる資格者では無いか、与えてある権利を握ろうとはせず、何を苦しんで身をせばめて居たかと。如何にも然り。彼は既に復権許可を出願し得る有権者である。なる程、復権の御裁可と云うものは御上から下さるばかりでは無く、本人からも出願することができる。それは恩赦令にこうある。

恩赦令　第十五条　復権ノ出願ハ刑ノ執行ヲ終リ又ハ執行ノ免除アリタル日ヨリ三年ヲ経過シタル後ニ非サレハ之ヲ為スコトヲ得ス

とあって、誰でもまた何の犯罪にでも出願ができるのだ。それで私が毎時も前科者の苦痛を語ると、皆さんから云われるには、その為に復権は本人から出願のできるようになっているではないか、と、法令は左様有っても事実が出来ない相談なのだ。斯かる訴願に経験ない一般人民には、全く見当がつかない。そこでこれを弁護士に依頼するより外はないことになる。私はしばしばこういうことを聞いた。出願したいと幾度か諸所に聞き合わせたが、弁護士の報酬は、まず最高が五百円即金二百円成功三百円、即金百円成功二百円、で最低が即金五十円成功百円が相場であると。第二項の即金百円で依頼してもう五年になるが梨《なし》の礫《つぶて》で、今日まで何の音沙汰も無い、と呟いた人もあった。弁護士ならば左様価格を立てられるのも当然だろう。この頃私の所へ保護を求めて来た前科数犯の窃盗前科者は、ある御寺の保護会に居たが戸籍のことで面倒な出願を要する事情を申し出でたら、その費用を五十円出せと要求された。そんな金が有る程なら盗み悪事もしないのだ。どうか無料でこの籍を片付けてくれろと申し込んだので、私は快諾してやった。それは入り組んだ面倒な事実ではあるが、時間と調査研究だけのことで、外《ほか》に金の費《かか》ることではなかった。お寺の保護会でさえ被保護人から斯んな金を徴収しようとするのだから、ましてや弁護士の弁護料は当然と云うべきものかも知れぬ。

そこで従来から出願して復権裁可を得た者と云えば、やはり医者、弁護士、僧侶、教育家、官公吏などの出世のために資格回復の必要のある資力者に限っている。私どもが常々気の毒に思う貧しい者または無智な前科者などの用には、なかなかもって恩赦令第十五条は役に立ってくれない。

十二　刑は厳正に　赦は深重に

46　赦恩の潮流は余りに滲々

必賞必罰は、明治大帝御施政の要諦である。向後賞罰厳明に遊ばされたくとの御趣意なりとは、明治維新大赦令の聖旨で、聖旨は恐れながら明々《めいめい》瞭々《りょうりょう》、一言を吐くも徒事である。さて現実は如何にと顧るに遺憾極まるものがある。大赦は主権者のみ持つ権能で、野人の妄言するを許されないのであるが、窃に思うにこれを行うに当たっては、被治者の心理の真相を捉え、これを活用するにあらずんば、真に大赦の実を顕すことは出来ない。恐れ多いが、私はこれを顕証するに足る事実を豊富に持つ。最も新しい事実に就いてこれを聞け。昭和恩赦復権令は二月七日を以て発布された。彼らの復権はその日より許可になっている。然るに微弱浅学なる私が一読しても、意義明瞭であるにも係らず、全国の官吏にも地方役場の公吏にもこれを解釈すること難く、勅令の実行は遅々として、七ヶ月を空過したではないか。（前掲七〇頁参照）この七ヶ月即ち二百十日の日子は、勅令文字の解釈審議、あるいは各官衙交渉照会に必要が有ったのか、如何に慎重を要すればとて、余りに短からざる日子ではなかったか。その間に於ける彼恩命者の焦燥は、如何ばかりであったろう。事一身一命に繋ることなればこそ、なおさら一日も早く解決せねばならぬ事柄ではなかったか。斯くても当面の大官達、畏れ多き聖上陛下の聖旨を取り次ぐに怠りなかったと断じ得るであろうか。

更にまた前頁を翻《ひるが》えせ。復権者の無刑罰身分証明の実行は遅々として緩漫を極め、主務省の督促激励を発すること三回、しかも最後は十年目の今年五月二十九日である。

可憐同胞前科者諸君の為に思いを焦がす私としては、胸傷まずには居られないではないか。果たしてこれが彼らを改過遷善せしむるの良策であるのであろうか。

必罰に抜け目なく、明治聖帝の要旨を厳かに遵奉《じゅんぽう》し、些の怠り無い現代の刑政は、どうして必賞の聖旨に磁針を向けないのだろう。

47　幕府の御赦帳は非常持退き御用物

こうなると、私ども昔ものは、やっぱり昔が慕われる。少しく語ることを免《ゆる》されよ。

徳川幕府の制度では、罰に酷であったが、赦にまた厚く、綿密漏らす所がなかった。幕府の三大機関たる寺社、町方、勘定三奉行所は、いずれも所管内の司法事務を執った。従って赦免人調査役職もそれぞれ備えてあった。ここには私の直接知り且つ自ら勤務もした江戸町奉行所管の一班を述べよう。

御赦帳掛、町奉行は二人で二ヶ所の奉行所が有った。一は数寄屋橋門内《すきやばしもんない》に在って南《みなみ》、一は呉服橋門内《ごふくばしもんない》に在って北《きた》と略称した。御赦帳掛《ごしやちようがかり》は与力三人同心十人、両組に一課づつ在って合計与力六人同心二十人、各課中では大きな課であった。掛員は日勤で、主任の吟味方《ぎんみかた》より判決になって、後日赦免の沙汰になるべき犯人の処刑宣告書等、一件書類の送達を受け、これを御赦帳に登録し、御赦施行時に際し、赦免の上申を掌《つかさど》る。

御赦帳は貴重御用物御赦帳掛所管の公文書は貴重御用物取扱の定法にて、非常火事等の場合には、特定立退所へ搬出する用意になっていた。搬出の人足は、町々に営業許可をしてある髪結床《かみゆいどこ》の義務奉公で、駈け附ける人足へは、平素町奉行の烙印《やきいん》をした鑑札が渡してある。奉行所の近火または風筋の悪い火事には、直ぐ駈け付けて来る。人足の火事装束は、刺子の長半天に猫頭巾、各店名を印した長提灯を真向に翳して疾走する。どんな混雑した火事場でも、「駆付け駆付け」の声を掛ければ、群衆は往還を左右に分けて通す。それは中々勇ましいものであった。役所の構内には堅固な倉庫も数棟あったが、土蔵ではまだ安心しないで、御赦帳本箱は非常持退き御用物にしてあった。

その御赦帳の本箱は、溜塗《ためぬり》二本立ち本箱錠前角鉄物打った大丈夫な箱で、御赦帳は部類を分けて詰め込んであった。また搬出に便利なように造られ、搬出者の脊負に便利のために、太い麻縄のれんじゃくが附けてあった。御赦帳が如何に貴重に取り扱われたかが知られるでは無いか。

被赦免者の調べ方、罪質の大小、刑罰の重軽によりこれを先例に参照して調査する。刑名の種類別でも四十九種あり、軽きは侍分にては遠慮、逼塞、御役召放《おやくめしばな》し、御番召放《ごばんめしばな》しの免職、あるいは過料一貫文ないし五百文も御咎《おとがめ》になったものまで、いかに軽度のものでも一人も漏らさず赦されるのが御主意であるから、深重精細を極めている。当時奉行の現職位置は、随分尊大且つ繁忙であるのに、赦の上申にのみは、奉行自ら書類の審査検閲をすることが記録に載っている。

調査を経て赦免合格の者で、現在所が不明なれば、親類または町村役人へ、現住判知の時、申し伝えを命じ、死亡者は親類または町村役人へ恩旨《おんし》を申し渡すのを例としてある。

如上の赦免例規が無ければ、前頁七九頁に説明した身分の三代調べ、家の由緒履歴書を書くに当たって、御咎を受けたること御座無く、即ち無刑罰身分を書上げる資格の無い者となるものだ。身を尊び、家を尊び、咎責を忌み嫌う、その思想や実に尊くもまた床《ゆか》しい国風ではないか。

それ故に、前科者も再犯を重ねなかった筈だ。どんな罪悪人もこの麗しい洗礼には清い心もおきたことだろう。前科者も真面目に改心して、やがての日を待てば、早晩お赦にはなれるのだから、家族近親周辺の人々も、心を改めて待てと勧告訓諭するにも目標がある。且つ近親町村同輩も連署して赦免願を提出することも許されてあった。

48　幕府では吉凶事御赦が幾度も有った

やがての日の第一が御祝儀であった。将軍御宣下、御転任、御兼任、御官位、若君様御弘《おひろ》め、御元服、御官位、その外、日光御社参の御赦もあった。御法事の御赦には御他界、御代々将軍の御年回御法事（一年三年七年十三年十七年二十三年等の御法事その他）であったから、お目出度いことあれかし、御法会御成仏あれかし、と念じ奉る外なかった。且つまた御赦御施行の期が多くあったので、待つも待たせるもまた易く、必賞の実施に疑いないから、安心して改過遷善の実を挙げた。ここらの取扱いには大いに我らの教えらるる点があるのでは無いか。

49　維新の大赦、御赦掛りの行賞

更に私は御維新のどさくさまぎれの際の大赦の頃を思い起こす。

維新の白浪はようやく東進し、五月雨のまだ晴れやらぬ二十一日と云う日に、江戸の市政は鎮台府に引き継がれ、御恭順の上旨を体し、町方与力同心は鎮台府附を拝命した。町奉行所は市政裁判所と改称され市民には些の動揺も無く、半鐘一つ鳴らせもせず、都の晴を眺める時代となった。王政御一新の大赦は暗い牢獄を照らし、朝敵の外一切の罪人、殺人強盗詐偽放火何もかも、当時の兇賊向島の小倉庵、青木弥太郎一味まで既決未決の用捨は無い。数から云ったら幾百人か、一人残さず追い放された。

サア大変だ、伝馬町が切解《きりほど》きになった、戸締をしろ、土蔵の戸前をたてろ、日が暮れたら外へは出るな。追剝ぎ追落しがと騒いだか、怖がったか。ナァニ事実は大相違《おおそうい》、誰一人眼を丸くした者も無かった。それは当時の大衆観念が、お赦になった罪人は、徹頭徹尾、有難がっているもの、社会の敵とは思はなかったからだ。被赦免人はもちろんその心底であったから、私などは八丁堀の居宅に居ても、その頃あった御用泥坊、軍用金強奪には恐れ入ったが、切りほどきの徘徊《はいかい》には、少しも恐れなかった。世間は事実物騒ではなかった。この実例には大いに学ぶべきものがあろう。

維新大赦の施行は、江戸市政開巻一頁の幕であった。朝旨伝達、仁政諭旨の宣伝第一声、故に掛員は囚人のその身状を細かに調べ、一人毎に懇諭教訓、周到隈なき処務振り、自己主査の赦免人より再犯者を出しては朝廷へ相済まぬとあって、細心の注意を払うたとは、親しく私の承った物語である。

赦免人取調掛員は、上役（与力）十六人下役（同心）五十人で上役の氏名左の如し。

（元南方与力）

筆頭　佐久間弥太吉

安藤源五左衛門

由比万太郎

吉田忠次郎

安藤源之進

蜂屋新五郎

中田潤之助

安達礼輔

（元北方与力）

筆頭　秋山久蔵

三村吉兵衛

中村三左衛門

中山彦四郎

金子恒三郎

加藤又左衛門

中島錦一郎

松浦弥三郎

この人達は、その担当事務を立派に完了し、左の褒賞が与えられた。

申渡

佐久間弥太吉
（外十五人氏名前掲）

右は今春
朝政御一新且又御元服の御大礼被為行使につき当正月十五日以前の罪人大逆無道を除く
の外一切被差赦候処多人数の罪人速に取調べ格別骨折り相勤め候につき出格の訳を以て
御手当として金十五両宛之を下さる

辰七月

私がこんなことを能く覚えて居るのは、十六人の掛員上役は元与力五十人中の壮者に私の長足次兄従兄弟等十人の近親族も居ったので、話も聞いたし各家の旧記も今なお所蔵してあるのに由る。南の首席は実兄、北の首席は兄嫁の父であったからである。

牢屋預り役石出《いしで》帯刀《たてわき》は罷《や》められ、匝瑳《そうさ》郷輔《ごうすけ》囚獄長に任じて、牢獄事務を処理した。斯くして市政裁判所の赦免者取調掛は事務の終了に由って廃滅した。爾来政府はこれに代る機関を設置しなかったのを私は遺憾とする。爾来我が政府は必罰機関は周到に備えたが、赦免する事務の必賞機関を備えることは、あるいは忘れられたのでは無かったろうかとさえ思う。否それは他所の罪では無い、私ども彼らの窮情を知る者の、告げざりし罪であったと深く恐縮する次第である。

十三　最大の矛盾

前額に前科者と云う烙印《やきいん》を捺され、昭和の盛世に、七千万同胞の中に差別待遇され悲痛憂愁の暗黒に泣き、あるいはこれに反抗して憤慨激昂の怒濤に漂う、可憐同胞の窮境をくどくどしく述べたに対し、同情に厚き尊敬する諸君の閲読を賜ったことを、私は心から喜ぶ。今や稿を結ぶに当たって、もう一つ諸君の必ずや首肯さるるであろう所の事実、最大の矛盾せる事実を言明したい。

50　時効と改善前科者の生涯

我が国の刑法には、時効の規定がある。ある犯罪者が犯行後何らかの方法で自己の姿を昏《くら》まし一定期間逮捕せられずして過ごすならば、その者は処刑を免がるるのである。この期間は死刑三十年、無期刑二十年、十年以上の刑期の者は十五年と云う規定である。

然るに一面に於いては、犯罪行為に依り刑罰を受けた者は、釈放後死に至るまで前科者として社会と国家とから指弾と差別待遇を受けなければならないのである。前掲五八頁の三十名の前科者の例を見よ。彼らは判決刑期を畢えたる後、社会の蔑視を耐えて帝国臣民として納税の義務を果し、社会相扶の実を挙げ来たった良民ではないか。彼ら斯く生活しつつ、なお且つ前科者として十年二十年ないしは四十年五十年と、差別を受くるに拘らず、一方は犯行後一定期間身分を虚構し、氏名を詐称して潜伏せるの故を以て、僅か三十年にしてその死刑をさえ免除せらるるのである。これをしも前述の改善前科者に比して更に優遇すべき良民なりと云うを得るであろうか。

斯く考え来たる時、犯罪者の時効に対する何らかの方法を講じて改善前科者に対するこの不公平を除くべきであろう。否この最大矛盾は必ず矯正されなければならないものである。

51　公務に虚偽行為を強ゆ

必賞必罰の聖旨は申すまでもなく正義である。正義には仮真《かしん》は無い、方便は無い。素より不義は不義を正すものでは無い。不義不正は改過遷善を順導する規範にはならない。諸君は前述の数項を如何に読まれたか。すでに政府は復権前科者就職の便を与うるため無刑罰証明を附与せよと公吏に指令した。これによって復権前科者の就職門戸は開放され釈放者保護には便路が開けた。しかしそれは是に似たる非だ。復権はしても正しく刑罰に処せられた前科者であって、罪科の大赦特救を受けた者、即ち刑の言い渡しの効力を失わしめられた者では無いのである。その受刑釈放者の身分を以て、曾て刑罰を受けたること無しと証明すべしと命ずるのは公吏をして明らかに虚偽の証明を履行させるのではなかろうか。誰が見ても不合理の行為矛盾極まることと云うべきである。

必竟《ひっきょう》この窮策は、刑余者の罪跡滅消の赦免の途なきが故に、釈放後四十年も五十年も経過した、微罪短期刑者もなお差別待遇を為すの不仁不慈の実状に鑑み、忍び得ずして、虚偽行為を公務に強ゆるに至ったものであろう。復権前科者は差し当たり自己の生存問題に影響するが故に甘受し拝謝するとは云え、毎時も滑稽視して居る。実に法の威厳、聖旨の遵奉から云って、識者は決してこれを承認し得ない所であろう。

すなわち私のみでは無い、正に同感の向きもある。左にこれを証しよう。

内務省地方局長は、昭和三年五月十九日附訓達を以て、復権前科者の身分証明に当たっては、刑罰ヲ受ケタル事ナシと明記すべく命令した。斯かる訓達が出ても、公吏は非常に繁忙であって、命令の実施までには毎時も若干日数を隔つるにより、今回も処務開始の如何を私は照会した。それは度々の苦き経験に懲りているからである。(一二四頁参照)おいおい回答を得たが、東京市内にても芝、麻布、牛込、小石川の数区は、上記の令達に拘らず、

当区役所にては、刑罰有無欄へ　記載スヘキ事項無シ　と記入する

旨答えて来た。(昭和三年八月附)斯かる主務省訓達の命令効力は、どれだけ有効のもの

かは私の知り得ないことだか、何としてもあの訓達は普及力を有していない。公吏が公務としての証明をするのに、虚偽の証明はされない。故に一般の証明文と代え異様の文字を載せ、他日の弁明に便するものと云う主張が未だしも合理であるか。

52　復権だけではやっぱり前科者

更に寸言を繰りかえして誤り易き一事に注目を希う。復権は法に依って喪失または停止されて居る権利を回復したままでのものである。刑の言い渡しを受けたる効力を失わしめられたものでは無い。復権者は依然として前科者である。故に犯罪人名簿にはなお記載されているのである。転籍する場合には無論その書類を添附して移送される。即ち犯罪人名簿上赤表《あかひょう》の人民である。

昭和三年五月十九日地方局長より地方長官へ通牒
内務省司地第五五号

釈放者の身分証明に関する件

（前略）爾今復権を得たる者、大赦、刑の言い渡しの効力を消滅せしむべき特赦の恩典に浴したる者、及び刑の執行猶予の言い渡しを受け取消あることなくして猶予期間の満了したる者に付いては犯罪人名簿に其の旨欄外記入を為したる上字体を認識し得る程度に於いて朱線を以て名簿の記載を抹消し、之れが身分証明を為す場合に於いては官公署より特に前科に付き証明を求むる場合を除くの外、一般人を同様前科なきものとして取り扱うよう……（下略）

斯くの如く復権前科者は、政府の寛大なる処遇に依って無刑罰の身分証明を獲、活路に一大光明は輝いた。さりながら一朝自己の身分履歴を正記し家系を謹書《きんしょ》する場合、これを如何に記録するか。法の制度を無視し事実を偽り無前科を銘記して恥とせざるか、もしそれを公に捧呈する場合に於いても、斯かる無実虚偽の申告を提出して可なるものであろうか。私は確《かた》く信ずる。大和民族の血は斯かる汚辱に濁されては居らないと。

十四　彼らを遇するの途

さて私のこの叙述は、何を願わんと欲するのであろうかは、尊敬する読者諸君の既に御了承になったことと信ずる。

私は明らかに進言する。

今秋の御大典を機会に、彼ら改善前科者に、ある期間を定めて前科を抹消すべき大赦を執行せられ、その氏名を正確に犯罪人名簿より抜き取ってこれを焼棄すべきことである。

私が過去の経験よりする前科者の心意推究は、この一事を以て最上の彼らの発奮刺激たることを確言して憚《はばか》らない。

しかのみならず、斯くすることに於いて犯罪人名簿の幾多の混乱せる問題を解決し、且つその整理上如何に大なる便利を得るであろうかは、私どもが知るよりも一層多くそれを取り扱う官公吏諸君に於いて熟知せらるることと信ずる。

十五　前科者諸君に告ぐ

本稿を畢るに当たり、私は筆を洗って未だ復権の福運にさえ浴されない諸君に一言申し上げる。

ことは時間の問題である。既に我が国社会の大勢は動き出して来た。やがては諸君もまたその精進と努力とに依りて同じ歓喜に溢るる時来たり、国家の万歳を讃美する日は来るであろうことを、私は確信する。

忍耐して、その日を待たれよ。

由来兄等《けいら》にとっては、その社会的創痍《そうい》がようやく癒えて退散したばかりの現状なのだ。直ちに硬食を囓《と》り、薄衣《はくい》を着けてはいけない。漸進の必要がある。されど濫りに自己の前途の危険を思って失望するにも当らない。

見よ、我が国には万を以て算する保護機関が全国に散在して、いわゆる保護網を敷いて居り、諸君の前途を援護すべく一切の設備が成って居るではないか。申さば諸君の為めにお膳《ぜん》は据《す》えられているのである。諸君は賢くこの機関を利用してその新生涯を開拓すべきである。

私はここに諸君の健康と清き心とその忍耐とを祈って、筆を擱《お》く。

刑余者への追刑

一　三代調べ

ある日の夕方、角帽を冠った青年が私の家を訪ねてきた。

『わたくしは板橋の山川の親類にあたる者ですが、実はちよっと先生にお尋ね申したいことがございまして参上いたしました。先生は御在宅でしょうか。』

私はこの言葉を取り次がれ、早速その青年を一室に通した。会ってみると、仕立直しの縞の袷《あわせ》に色褪せた羽織、木綿袴《もめんばかま》という、当時の大学生にしては珍しいほど質素な風采《ふうさい》であった。

青年は極めて慎ましやかな態度で、しずかに語った。

『突然参上いたしまして、しかも初対面にこうしたことをお尋ねしますのは甚だ不仕付《ぶしつけ》がましい次第ですが、私は山川の姪の子なのです。山川の大叔父が北海道に居た当時からのことを、先生はよく御存知だそうですから、先生に伺ったらと母が申しますのでまいりましたような次第です。大叔父は復権になったのでしょうか。特典によって復権を許可されたのでしょうか。』

青年が姪の子と名乗るその山川氏とは山川市郎左衛門《やまかわいちろうざえもん》と云って強盗罪で懲役終身の刑に処せられていたが、明治三十年一月英照皇太后崩御の恩赦に浴して減刑となり、後釈放されて以来三十年を経て、今度始めて復権を許可されたのである。それは昨年十月のことで、当人と私以外に知る者はない筈なのに、それにこうした質問をもたらしたことを私は訝しく思ったが、青年は委細かまわず熱心な、如何にも考えに余ったと云う面もちで語り続けだ。

『実は山川の大叔父の一件で、前科者と云う烙印《やきいん》が私ども一家一門を日蔭者にし、長い年月死の苦しみに泣きあかして居ります。私の父は鉄工なのですが、郡部の鉄工場のことですから、物堅い私の父などは半年ないし一ヶ年で常雇本職工になれるのです。けれど私の地方には三代調べと云う身元洗いがあります。その調べで大叔父の身分の汚れが判明するので、何時も不採用に終わります。その結果は仕方なく他の工場に転じ、再び新しい技術に蒔直《まきなお》しの汗を流すのであります。こうした生活を繰り返して、父の生涯は大叔父の前科故に総べてを蹂躙《じゅうりん》されたと申してもよいでしょう。三代目の私には影響することもあるまいと思っていましたので、正式に採用願を出して試験には及第しながら、やはり採用がむずかしうございました。けれども私は小学校の成績が良かった理由でようやく採用はされましたが、なお低い位置に置かれて到底立身の望みもありません。それ故ただ今は昼《ひるま》の間は工場で働き、夜はこうして先生の御近所である神田の某大学に通って居ます。然るに最近大叔父は選挙権のことを口癖のように云いまして、普通選挙のことやら政党の問題やら、さも有権者らしい態度をして居ます。もしもそれが真実復権許可になったのであるならば、私の一家は蘇生するのでありります。私の一生涯ばかりか、姉や妹の縁組にも都合よくいきましょうし、更に村内の一族である八家族は、初めて新しい社会生活に蘇ることが出来るのであります。』

二　復権の許可

私の長い保護事業の経験の中で、いずれの場合を思い出して見ても相談に来る人達の真剣さは、それこそ血の泌み出ずる程の深刻さを持つものばかりであった。今青年の訴えを聞いて、やはりおなじ真剣さに打たれざるを得なかった。私は山川氏の復権許可に就いて叮嚀に説明を加えた。説明の進むに連れて青年の顔に上って来た輝きこそ、彼らが永年の苦悩から解放さるる希望と感激の表現であった。

山川氏は既に老年であり、その犯罪事件は氏の若かった遠い過去の日のことであった。資産と家柄の二つでは村内に指折らるる一家のことで、その過ちに就いては互に徳義を重んじ、村内誰一人公言する者もなかったが、唯だ官憲の眼のみは容赦する処もなく、法の制裁は秋霜烈日の如く、山川一家の上に譬《たと》えようもなき痛棒《つうぼう》と、永い惨苦《さんく》とを遺したのであった。

山川氏は現に齢七十一歳で、明治八年の犯行から既に五十五年を経ているのである。在籍地で犯した罪であったので、そこには一家親族故旧が住んで居る遠慮から、釈放後は居を東京市内に構え、在監中の囚役工金《しゅうえきこうきん》を資本として入獄中に覚えた洋服裁縫を業として店を開いた。商売大切と真面目に勉強したお蔭で営業は次第に繁昌した。やがて妻を迎え子供も生まれた。総領の子供は建具職に仕立てた。しかし後にはおいおい自分の年も寄ったので、店を他人に譲り、十八年前に郷里に戻り、今は庭師をして末子と安楽な生活を送って居るのである。

第五十議会を通過した改正選挙法ではその第六条第五項に明文があって、六年以上の懲役または禁錮の刑を受けたいわゆる重罪の前科者は選挙権がないのである。それも新しい昨今を問題にするのではない、山川氏の如く五十幾年と云うような旧い事件であって、しかも在監中の教誨戒諭を服膺《ふくよう》し、御趣意を守り、汗と涙で努力して稼ぎ、身代を築き上げ、妻を迎え子を挙げ、納税も滞ることなく、純良な一国の臣民として生存して来た者であっても、遠い遠い過去の失策をほじり出して前科者なりと公表して差別し、除外せんとするのである。

国民皆等しく清き一票を投じ得ると云う聖代に廻り合った有難さが、この人達にとっては何と云う不幸な因果の小車となったのであろう。もちろん旧い選挙法にも、重罪者の欠格は認められてあったが、それには納税額が資格の制限標準であったが故に、外部の目立ち方は割合に少なく、且つ選挙権を持つだけの納税をする身分資産を有するのも容易ではなかった。従って前科者が前科あるが故に受ける影響はまことに少なかった訳だが、新法の規定には二十五歳以上の男子にして一定の住居を持つものは、一家内にある親子兄弟の別なく等しく選挙権を行使し得ることになった。その為め、人も忘れ誰も気付かない彼等の前科者と云う古疵《ふるきず》で彼らが欠格者として白日の下にさらけ出され、社会的致命の苦しみに導かれるとは、何という気の毒な痛ましい事実ではないか。私が永年こうした人々に説いた道も教えも辛抱の勧めも、今はみな無駄骨に了《おわ》ることとなったのである。

この苦しみから救い出して頂ける筈であった恩赦令中の復権は即ち選挙権の回復なのである。しかしこの復権の特典に与かる人は実に暁天の星の如くわずかで、私が保護した人々の中からも随分沢山復権の申請はしたが、ようやく四、五人しか救い得なかった。

山川氏もその純真な社会生活の取り調べによって、大正十五年復権許可となった一人であった。されどこのように復権になったとは云え、なおその人々の名は犯罪人名簿の上に依然として明記されているのである。選挙権は得ても前科者の烙印《やきいん》はなお永久に抹消されないのである。ただ復権者は身分証明、即ち刑罰を受けたることなしと云う意味の証明を要求すれば、在籍地の公吏からは前科無しと明記した証明書を附与されるだけのことである。従って就職上の考証には差し支えないことになって居る。けれども、犯罪人名簿の登録には今なお前科者の烙印が遺っているのである。

三　前科者と云う烙印

私はかつて山川氏と語った当時のことを思い出した。それは彼が善良な国民としての生活に入ってから幾年か経てからの話である。そしてそれは如何なる前科者も必ず遭遇するであろうところの、同じ悩みを代表した声として世間の人に考えて頂きたい多くのものを包んで居た。山川氏の述懐はこうであった。

『私ども釈放者の身柄は、この前科者と云う烙印《やきいん》が拭い去られない間は、いくら改心しても生存の途は塞がれ、生きる為めに犯罪を為すようになって参ります。今日の新聞紙に現れる大犯罪事件の大部分が、前科者や累犯者に多い結果を生む理由はここにあるのであります。この烙印が消えない間は行くべき場所もなければ、真面目な安息も得られないのであります。改心を示し、上の御慈悲御仁恤《ごじんじゅつ》を感謝する人々の心の裏には、人を欺き、己れを欺く虚構が潜んで居ります。私どもには安心がない。実際には食うことさえ出来ません。働いて食うためには手足さえ出せないようになって居ります。現在の制度には更生の余地がありません。私どもの前には恵まれた利益さえも得られないように、御規則が待って居ります。

曾て私が洋服屋を業として居ました時などでも、少し仕事を勉強して、請負いや入札に手をつけようとすれば直ぐ契約書に保証書が要ります。結局は身分証明書で再び前科者は社会の鞭に撻《う》たれます。私は長刑期囚でしたが、一、二ヶ月の短期刑の者でもやはり前科者は出る所へも出られないのです。こうした場合に遭遇した私は文句をつけるか、急用にかこつけて旅行しあるいは留守をつかって誤間《ごま》かしたものです。こんな苦しい芝居じみた虚偽をなさねばならない私の心事を汲んで下さい。唯だ今の植木職でも同じようなことに出会います。華族様や官吏会社の重役の方々などで、多少大きな華客《おとくい》をとろうとおもって、折角勉強して出入の抱え職人になれる段に進むとまた戸籍謄本や身分証明書で阻まれるのであります。一度なんか妻が大病をして居た際この災に遭い、血の涙を流したことがあります。もちろん妻は私の前科あることは知る筈がなかったのです。私が世帯を持ってから後に貰ったのですから、それ故になおさら苦しみました。私どもは有りもしない智恵を絞り、骨を折って儲ける利益さえも捨てなければならない破目に幾度か陥りました。唯だこうした馬鹿らしいとおもう中にも、私は常に基督《キリスト》様を信じてこの間の慰藉を求め、感謝の念を持って居たから幸福でした。

私の懲役は宣告通りの刑を勤めたから、放免にはお釣りを貰わねばならなかったのです。そうでしょう、私は明治八年の宣告で懲役終身に処せられ、それが明治三十年一月の恩赦ですから、服役期間二十二年でありました。それで恩赦の減刑懲役十年を差引きますと、十二年は勤め過ぎて余計な御奉公をした訳なのです。』

四　昔の不良少年

山川氏は続けて云うのだった。

『罪滅しを少し聞いて下さい。私はどうしてあんな事件を犯したか、若い時とは云いながら、自分でさえ判らないほど馬鹿げたことでした。想い起こせばそれは十七の春、丸《ま》る年で数えれば十六年三ヶ月と云う子供でした。父は昔型の鳶職の頭で、土地では幅の利く顔役として、家には大勢の子分も居たものです。神社の前が住居で、母は掛茶屋を張って小料理の一つも出して居ました、独りっ子の我儘一杯に育った私は、頭の息子を看板にして隣りの芸者屋町を相手に道楽の限りを尽くしました。唯だ今で云う不良少年でしょう。早熟《わせ》で遊び事なら何でも手を出す調子で、悪友を拵《こしら》えて盛り場を押し歩くのが常でした。その揚句は御定りの金に窮して、非常手段に陥ったのが堕落の破目となったのです。この時一人の悪友の教唆にかかって目星をつけたのが、村外れに住む金貸し婆さんの一軒家です。そこでドスは私の家に代々伝わって居る大刀《だいとう》を持ち出した。何分人家少ない郡部のことで、顔がよく知れて居るから私は見張りの役を持ち、他の二人を覆面強盗に仕立てました。紋切形の凄文句を並べる積りで雨戸に掛かると、思いの外容易く開いた。しかし内には婆さん独りと思ったのは大間違いで、開いた雨戸の両脇から現れ出たのはちょうど泊り合いしていた客とおぼしき三人の大男、私どもにはいずれも馴れない仕事なので、御極り文句の半分も出さず、遁《に》げ出しました。見張りの私も形勢非と見て一目散に我が家に帰り、寝床に潜り込んで総べてを隠しました。

不意を喰った両人は、驚いた機勢に持った刀を振り廻して被害者に少しの傷を附けたそうです。それがやがて村中の騒ぎになった。逃げ終《お》うせた者は誰も捉《つか》まらなかった。けれども三四日の後村外れの麦畑で刀の鞘が発見されました。豈はからんや、それが紛れもなく村人の誰もが知っている山川家代々伝来の一物と判明したので、私は直ちに捕まりました。共犯は一人も摑《つか》まらなかった、私は認定裁判で直ぐ処刑を受ける身となりました。』

山川氏が語る如く、それは現下のいわゆる不良少年の行為そのものであったであろう。当時の制裁を今更かれこれ云うのではないが、この罪状を以て二十二ヶ年を懲役し、なおそれでも飽き足らなく刑余の三十一年を前科者の烙印《やきいん》で責め苛むとは、余りに惨酷に過ぎるではないか。もし今日山川氏と同じような犯行者があれば、そもそも如何なる科刑を量定さるるであろうか。私は単なる現行社会制度の説明を以て肯定し得ない者である。（完）

刑軍に敗けた旭旗

F生稿

日露の激戦に殊勲を奏された君も、前科の烙印《やきいん》を翳《かざ》した刑軍《けいぐん》には脆《もろ》くも敗《ま》けた。この悲痛な呪いの声を、私は敢えてF君の筆にされたままここにかかげる。　胤昭識

一　発端

私は西国の地に生まれ、ようやく長じて兵役も無事に勤めて帰り、それから後ある公職を奉じた。当時私は家事上の傍ら、公衆の義務である公納金を納付する数百人の総代として、

納金の出納《すいとう》を取り扱って居た。歳月は早くも三年目に至り、その公金取扱い上の規則に違犯した廉《かど》があって、その役所より告訴を受けた。それは聞くも忌わしき詐欺取財という破廉恥の罪名であった。これには、周囲に私を中傷する者の陰謀もあり、それに陥ってそんな結果になったのであった。しかも私は身に一金をも私《わたくし》した覚えはない。しかし計算上金額三円余の不足があった。取扱い粗漏の為めではあったが、事実はそうだ。不拘留のまま予審は進み、終に裁決の日、重禁錮二ヶ月監視六ヶ月と云う宣告を受け、涙を飲んでこの忌わしき判決に服罪するの余儀なきに至った。時は明治三十六年六月であった。

二　暗黒世界の第一歩

当時一家は些《ささ》やかな商業を営み、加うるに妻は妊娠していたから、妻の姉を呼び迎えて不在中を託し、私は二ヶ月間暗黒の旅路に就いた。期満ちて帰宅の途すがらも、兎《と》つ追《お》いつ思案に耽り、進まぬ心をようやくに引き立てて我が家に帰ると、既に臨月に近き妻は、涙を湛えながら喜び迎えてくれました。それも束の間、一瞬の喜びはやがて永久の悲哀と化する端緒となったのである。

その年の簡閲点呼《かんえつてんこ》は、都合よく私の帰宅したその翌々日であった。執行官から国交の状況並びに軍事上の方針等種々説明があり、各自の覚悟に就いても訓示せられ、旅行も差し控うべき旨の注意があった。ここに至って風雲まさに焦眉《しょうび》の急なるを痛感し、我が祖先の霊に私が犯せし破廉恥の汚名の罪を謝するの機は近きにありと、心密かに期待して居たのである。

附加刑の監視執行は、さながら累罪の階梯をなす素因とも見られるほど、不合理惨酷なものであって、これを受け果すためには就職も為し得ず、死の苦しみをしたものである。

この時に妻は分娩した。何か職に就かねばならぬ。勤め先と警察の監視、役場への兵事関係、死ぬ苦しみでようやく監視満期の日になった。戦報の風雲は、いやが上にますます急を告げて来た。私は家事を整理しつつ、召集令の来る日を待っていた。

三　国交断絶

明治三十七年は、新春早々より朝野を挙げて開戦準備に汲々《きゅうきゅう》として居た。私の決心断行の機会到来も、日一日と接近した。市民は緊張の極、昂奮して居た。ああ忘れもせぬ、補先員召集令は、二月五日に発せられた。翌朝K師団〇〇連隊へ入った。その十日には宣戦の詔勅が布告せられ、たちまち仁川沖海戦の捷報《しょうほう》が来るなど、士気はますます勇躍し、私はいよいよ万歳声裡に送られて出発したのである。

我が師団は雞林《けいりん》上陸以来各地に転戦し、鴨緑江《おうりょくこう》を渉り、満洲の南部各地に於いて、敵に多大の圧迫を加え、南は旅順に、北は遼陽方面に、敵の勢力を二分して追撃を加うる佳境に入った。

私は征途《せいと》に登るに際し、再び生きて帝国の土を踏むまい、この穢れたる身体は我が血で浄め、死して護国の鬼とならんと、我と我が心に誓ったのであった。

○○嶺《れい》○○○子《し》○○関《かん》○頭《とう》○○屯《とん》○○河《か》の徒歩○○○溝《こう》の追撃○○堡《ほ》の夜襲突撃占領等、遼陽戦終局に至るまでに数月を費し、しばしば激戦に参加したが、天は未だその時機を与えざるものか、風邪一つ冒されず、爽快に服役した。なかんずく○堡の戦闘の如きは真に物凄いものであった。

四　○○の格闘戦

私は、当時の日記から、私が最後に参加した戦闘の状況を抜萃《ばっすい》して、私の心中を証明したいと思うのである。

遼陽の戦闘後約一ヶ月を経過した。その間終《つい》に一週日休養的に軽い軍務に就いたのみであった。我が師団は○○山《さん》を目標として敵と相対待《あいたいじ》し、日夜多少の衝突は免がれぬものであった。十月の初めには敵は漸次その兵力を増加し、我が第○軍の前面に約十万五千の数を算うるに至った○○地点に於いて、我が隊は約三倍強の敵と連日連夜闘っていた。私の大隊は大隊長の負傷を初め、将士も多く死傷があり、私の小隊では既に軍曹と卒各一名の負傷、歩哨が一名惨死、一名は捕虜、その他の中隊では、かなりの損害であった。

由来本戦闘は、読者諸氏の熟知せらるる如く、遼陽奪還と旅順連絡を目的とせる敵の必死的大計画に基づく、戦史上有名なる遭遇戦であったので、戦線も広く、武器兵力もまた充実し、各方面に渉り猛烈なる敵の圧迫を受けたが、なかんずく我が師団、殊に我が○○隊は兵力甚だ微弱なるがため、早くも敵にこれを察知せられ、一途に我が陣地を突破せんと遮二無二全力を傾注したので、我は一層の脅威を被ったのであった。

「諜報に由《よ》れば、前面の敵は兵力我が四倍にして、今朝来《こんちようらい》我が右翼隊と激戦を交えつつ、漸次左翼に展開移動するものの如し。明払暁《みようふつぎよう》は優勢なる敵の襲撃あらん。而してその陣地は○○方面と○○方面の要路に当たれり。その隊は須らく死守し、以て敵をして一歩も入らしむる勿れ。」という旅団命令は下った。

それは十月十一日の夕刻であった。小隊長は皆を集めて命令を伝達せられ、更に威容を正し一段声を励まして曰く、「明日の戦国は皇国興廃の分るる決戦なり。汝等もし卑怯の行動あらば我が隊のみならず、帝国軍人の恥辱これに過ぐるものなし。かの命令に背くものあらば遺憾ながら職権を以て、現場に於いて容赦なく斬り棄つる。」という厳命があった。その夜は軍旗護衛中隊であったから、久々で手製の夕食を喫《た》べて、一同今やおそしと焚火の側に仮睡して居た。宵の月は既に没し、遠く響く砲声が夜の静寂を破るのだった。夜の二時頃であった。○嶺《りよう》の脚下に雲霞《うんか》の如く敵が密集した。我が配哨線の直下の壑《たにみず》に、ざわざわ轟々《ごうごう》という風や地響きがした。ややあって味方より火蓋は切られた。我が中隊は軍旗と共に行動せねばならぬ。取り敢えず我が一ヶ小隊だけ塹壕に就こうとした。既に前哨線へ敵の決死隊が肉迫して居る。右側面へ出て敵の左翼へ猛射をあびせた。左翼の塹壕へは敵の一部が突入したという斥候の報告があったが、真闇暗《まつくらやみ》で何にも見えぬ。時折敵の擲《な》げる爆弾の光りで見透すだけである。直ちに奪還せねばならぬと左翼へ廻った。前哨線では大隊長代理たるS大尉がまず戦死し、続いて中隊長代理M中尉以下将士の大半は既に斃《たお》れた。右翼も左翼も敵も味方も入り混じっての乱闘、突く者、突かれるもの、殴る者、蹴られる者、銃や剣も奪われ、無手で引組《ひっく》んだまま、上からころころ転げ落ちて来るものなど、実に惨憺《さんたん》たる光景であった。

来るべき日は来た。左翼陣地は前後とも垂直に十五、六間《けん》屹立して居る。上に見えながら僅かの所が登れない。直下に張り附き機会を窺う。例により上から撃つ泥を掻き落とす。果てしがないので、私はそろそろ這い出した。分隊長は危険だから出るなと止めた。頭の際でも一層の側でもぷすぷす遠慮なく砲弾は飛ぶ。いずれは早晩無事ではないのだ。この敵を追っ払うには生命の取り替えっこでなければ駄目だとおもって、肯《うなず》かずに私は攀《よじ》り始めた。皆も後から這い上りはじめた。その刹那一弾が飛んできて到頭《とうとう》私はやられた。なにこれしきと思ったが、残念ながら立てない。戦友は私のやられたのを告げる。分隊長が早くおろせと云う。後ろの崖の蔭へ下ろされた。戦友の介抱で仮繃帯《かりほうたい》をしてくれた。なお一回出るつもりで暫く休む。出血が烈しい。胸部と肩の二個所の疵《きず》だ。漸次呼吸がくるしくなる。歯噛《はが》みをしても最早立てない。なんだか気が遠くなる。耳元で突撃喇叭《らっぱ》が聞こえた。眼を開けると軍旗が頭の側の上へ来た。旗手が倒れた。続いて連隊副官も連隊長も倒れた。代わって軍旗を捧持《ほうじ》するものは、皆斃れた。それが一瞬間である。それを見て私は立たんとしても、血にまみれた我が身体は疵口よりほどばしる血汐《ちしお》に辷《すべ》って立てない。旗棹《はたざお》にすがって立った。また倒れる。その間に呼吸がつまって倒れてしまった。敵は七、八間の処に居るのだ。薄く明るくなった味方の砲弾は、ここを先途と混乱の真っ只中へ撃ち下ろす。さすがの敵もこれに辟易してようやく浮足になった。私も気が弛んだ為めか、後は夢うつつで覚えがなかった。後で聞けば小隊長は足に三発、中隊長も腕に一発、分隊長は頭部擦過《さつか》で無事な者はようやく全員の四分の一であった。前哨隊の兵の中には、剣の刺創《さしきず》が十個所あったというに至っては、凄壮の極みであった。その後落雷の如き砲弾の炸烈弾がドカンドカンシュッシュッと一しきり盛んに響いていた。

五　天は未だ我に機を与えざるか

翌々日の朝気が附いた。四辺を見ると、支那家屋の物置小屋だ。これが野戦病院の重症室だ。私は蜀黍殻《きびから》の上に真っ直ぐにたおれて居た。寝かされて居たと云うには余りに惨めであった。それには理由がある。助かる見込みのないものは、この有様だ。四人居ったが、翌日一人死んだ。その翌日も一人またその翌々日も一人と、七日目には私一人となった。しかし私は終《つい》に死ななかった。

私は傷重くして内地へ送られ、予備病院に入っていたが、やがて創口も癒え、転地療養として一時南国の温泉に行ったが、程なく快復した。幸いに不具にはならなかったが、恩給を貰う廃兵となったのである。

六　法律の迫害

それから間も無く私は□□市へ移って世帯を持ったが、立ち働きの出来ない廃疾者《はいしっしゃ》だ。恩給は五百円ある。勲章も人並みより高いのを有《も》って居る。全国を跋渉《ばっしょう》することの出来る鉄道パスも与えられてると云った処でそれが生計の足しにはならない。

何かこの廃疾者にも出来る生業《なりわい》を得なければならぬ。もともと私の手には何の職も経験も無い。不具の身では文字書くことさえ覚束《おぼつか》ないのだ。それでも未だ出来そうなのが筆耕《ひっこう》だから、夜も遅くまで手習いまでしてどうやら筆耕にはなれた。けれども一枚一銭や一銭五厘では、到底妻子の糊口をつなぐことは出来ない。

それから苦労奔走して、小さな役所の筆耕雇いに這入った。日給と恩給でようやく生命の繋げるようになったので、喜んで一生懸命勉励精勤していた。

ところが私のような前科者は、幾年経っても、どんなに国家に忠勤しても、人間並みにはなれないのだから、私の至誠忠勤はかえって私には仇《あだ》となった。

役所では私の精励を認めて常雇員にするとあって、戸籍謄本と刑罰を受けたること無しと云う身分証明書を添えた履歴書を提出せよと示達された。

現在のままに臨時雇いで置いてくれればこちらにとっては仕合わせであったのだが、なまじこの示達に会っては提出せない訳にはゆかず、これがほんとのありがた迷惑だった。いかに短くても前科は有る、無前科の身分証明書は得られないのだ。それでも喰うに困るから種々と事に托《たく》し、または病気と偽り、辞《ことば》を左右にして引っ張った。誰でもが希《こいねが》う栄進を躊躇するのだから、おかしなものだ。終には妙な疑雲風評も靉《たなび》いて来た。詮方《せんかた》なく涙の雫で辞表を書いて提出し、遂に解雇されたのである。

七　家庭の迫害

とかくこうした有様で、とても給料取りでは前途安定の見込がないとおもったので、恩給を担保にして借金し、些やかな商売を始めた。新米の悲しさに万事裏切られることばかりで、遂に失敗に帰した。それは明治四十年で、その前の年に男児が生まれ、二人の小児《こども》を抱えては生計更に困難を加えるのであった。

かように前科が有るため、役所勤めも出来なくなって、それで貧乏するのだというので、妻の実家では種々の難癖を附けて干渉する。妻も愛らしい二人の愛児の母とはなっても、生活難には苦しめられ、親兄弟には煽られるので、終に心を反《そむ》け、夫婦の間にありながら前科者排斥と云う墻壁《しょうへき》が築かれた。

ここに至って私は暗澹《あんたん》たる前途を惟《おも》うて悲愁煩悶した。そうして自暴自棄ではないけれど、私はある点に決意した。

その年の暮に妻を断然離別した。而して五歳に二歳の両児を私の膝に抱えた。その時の私の胸の中は、今更筆にも言葉にも到底表し尽せないのである。私は幾度か思った。天はなぜ私をあの戦場で一思いに殺してくれなかったのか。

私は啻々《ただただ》天を恨《うら》むの外はなかった。

長児を脊負い、赤ん坊を懐《ふところ》ろに牛乳瓶を抱えて居る商人に、何の銭儲けが出来よう筈がなかった。私はただ涙に日を送るのみだった。程なくある親切なる人の媒介で後妻を迎えた。けれども自体貧乏世帯の不自由がちは、誠に不愉快極まるもので、後妻も満足すべき筈はなかった。

そこへまた先妻は離縁になったとは云え、両児の愛に牽《ひ》かされて私の宅の近傍へ立ち廻り、離別の最大理由であった私の前科を後妻の耳に伝え聞かせた。

私の前科は、再び私の家庭を破壊するべく猛進して来た。後妻の里方からは強硬な苦情を持ち込んで来た。私はまたしても男泣きに泣きつつ両児を左右の腕に擁して慟哭《どうこく》した。

皇国興廃大戦の闘士、大和男子の一壮漢も、何と云う腑甲斐《ふがい》なさであろう。胸中の悶《もだ》えは死に勝る苦痛であった。

またも思った。彼の時なぜ戦死させてくれなかったか、私は再び天を恨むのだった。

八　商売の迫害

それも畢竟は生活難、第一には商売の甘《うま》く行かぬためであった。この時友人の勧めで、廃兵の行商団に仲間入りをした。ぼつぼつ収入がある。おいおい遠距離へも出た。これは廃兵と云う資本があるからで、好い商売になった。しかしこれにも前科が祟って廃業することになった。それは当時廃兵の行商には、中に悪辣乱暴なのがあって私もその仲間と同一にみなされて、ある時警官の訊問を受けた。

そこが悲しいことに疵《きず》持つ脛《すね》で、私には前科者と云う烙印《やきいん》が捺されて居るから、原籍氏名戦役経歴の申告答弁が濁ったので、峻厳な詰問を受け、終に前科事由を告白した。それで他の者はことなく釈放されたが、私一人だけは十日の拘留を喰わされた。それは済んだが私はそれから前科者と云うことが仲間の者に曝露したので、一人仲間の者と一緒に働くことが出来なくなってしまった。その後何か安定を得たいという考えで座作業である家具の製作の練習を二ヶ月程やった。これは大きな公設工場で、いよいよ試験が済み入場許可となると、身分証明書添付の履歴書が要ると云うので、またもやここも駄目になったのである。

九　優待の迫害

その後某会社の外交員に入って、それが縁になり、その会社の内勤へ手伝いに行った。ズルズルベッタリに三年は越した。会社の営業は至極好況に進み、大改革が行われ、社員の大淘汰があった。私は不束《ふつつか》ながら至誠精勤して来たので、この改革に際し本社員に昇進し、増給の辞令を渡された。ところが栄進と同時に、例の通り戸籍謄本身分証明書を添えた履歴書を提出せよといわれた。

万人の大慶《だいけい》とする栄進は、私に取っては死の宣告に均しいものであった。

二ヶ月程は事故を拵えたけれど、もう引っ張れなくなり、病気と偽わって辞表を出した。前科の烙印《やきいん》はまたも私を困窮苦地に陥らしめたのである。

一〇　至誠精励の迫害

その後恩給は増額されたとは云え、拱手座食《きよしゆざしよく》しては四人の糊口を繋ぐことは出来ない。それで私は相変らず何か職を捜さねばならなかった。

この時はすでに前科事件から二十余年も経っていた。その間に私としてはあらゆる方法を講じ、凡ての手段を尽くして辛くも生活を続けたので、今更外に新しい方法もなく、前途は見え透いて居るが、目前の貧苦のため脊に腹はかえられず、またもや同じ型で小役所の臨時雇いに這入った。

私は何事も叮嚀《ていねい》綿密にしないと心の済まぬ性質なので、それは人間の行為としてあたりまえの所行ではあるが、自己の任務はきっと責任を果たしてやりました。それゆえ上役はいつも引き立ててくれるのは誠に難有《ありがた》いのですが、私にはそれが非常に苦痛であった。本雇いの栄進沙汰が来はせぬかと、ただそれをのみ気にかけた。しかし、それはちょうど就職後一年にしてやってきた。

『君、今度の年度代りには、君を本雇いに挙げる筈だから履歴書を早速出し給え。』

上役は私がさぞ喜ぶだろうと、ニコニコしてそう云ってくれた。私にはこの一語が死の刃であった。最早勤続は出来なくなった。生憎その頃妻が大病であったので、一日分の日給も私にとっては大切であったから、何《な》んの彼《か》んのとゴマかして一日一日と引っ張り、日給に有附いていたが、とうとう病気を口実に辞表を出してしまったのである。

一一　国法は果たして公平か

読者諸君よ。我が敬愛する同胞よ、等しく旭章旗下に　皇恩に浴する民にも、私の如き悲境に泣いて居る者がある。

前科、それは君が為した非行の結果だ。誰を怨む処もない、自業自得、身から出た錆だと冷笑して下さるな。御承知の如く我が現行刑法は、死刑に該当する大犯罪人でも、遁逃《とんとう》して警眼《けいがん》を昏《くら》まし、法網を潜り、氏名戸籍を詐称し、何処にか隠れ潜んで三十年を経過すれば、時効いわゆる期満免除で罪を問われないではないか。繰り返していうが私の受刑されたのは今から二十四年前のことで、科刑二ヶ月を服役し卒《おわ》っている。軍役戦功は別としても二十有余年間の長年月を一国民として生存して来たのである。多く述べる必要はない。何人が考えても国法制度の不合理、不備を認めぬ訳には行かないであろう。

私は悲境の極、東京日日新聞の角笛欄《つのぶえらん》で知った社会事業家原胤昭氏の許を訪ね、先生に面謁《めんえつ》して具《つぶ》さに事情を述べて縋《すが》った。先生も涙を浮べて同情せられ、先生の非常な努力のおかげで、私はめでたく復権を得、生活の安定を得ることが出来た。

顧みればその二十四年間の限りなき苦痛、冷たき家庭、冷酷なる社会、私は今これ等の一切と別れを告げ、ここに新しく、温かき聖恩下に、恩愛に充ちた家庭を建設し、社会の新しい一員として、人間らしい愉快なる生活を続け、国恩に報効《ほうこう》したいと考えている。おお永年私を苦しめた『前科者』と別るるに当たって、私の涙の昔を語るは強ち無意味ではないと思います。

我が国内に於いて、私と轍《わだち》を一にせるため、自らの運命を愬《うった》うるに道なく、告ぐるに人無く、徒らに自己を呪い、世を咀う同胞が幾十万人あるか知れない。

社会は刑余者に対して高く牆壁を設け、一敵国を以て対せんとしている。現代の道徳に於いてかくの如き不合理なるものがあるであろうか。私はこの小篇を公にし、世の識者の冷静なる批判を乞うた次第である。（完）

母のもだえ

一　生まれかかっても入籍は

酷寒肌を刺す冬の夜更け、私も一日の仕事を終えて眠りに就こうとしていた時、ふと寝室に架けた玄関のベルが消《け》たたましく鳴った。それは夜間保護を求めにくる人々のためにつけてある電鈴だ。家内共は既に眠っていたので、私が自ら取次に出た。そこには一見綺麗な身装をして、丸髷《まるまげ》に結った二十四、五の女性が立って居た。『アラ旦那様』と親し気に声を掛けられ、私はその立派な風采、変わった姿に暫くは途方にくれた。それは五、六年前私の家に保護した窃盗初犯の少女であったのであった。『どうして今時分に』と問う私の胸には、既に事態が察せられて居た。

取りあえず寒さを労《いたわ》って私の部屋に通した。彼女は挨拶もそこそこに私の前に、何事をも語り得ず涙に泣き伏してしまった。彼女の住居は郡部で距離も遠いことはよく知って居る。店を仕舞ってから近所へ行くと云って来たと答えたが、夜更けのことで案ぜられた。

曾て彼女は附加刑の監視のある間、私の保護下に神田最寄で下女奉公をさせたことがある。その後二ヶ年程某子爵家の家婢《かひ》に出しておいたが、後親《のち》許に帰って二年目に近村の質商へ嫁《か》した。そのことは父親の委《くわ》しい音信で承知して居た。さて彼女はようやく頭を上げて、『旦那様どうかして籍は直せますまいか。』としおしおと語り出すのであった。私は『その話には度々御親父《おとう》さんも来られて相談したが、今の御規則では仕方がない。原籍役場の犯罪人名簿に載っているのはどうにも消せない。何かまた心配な問題でも出来たのかえ』と問うた。

彼女は顔を赤めながら身重になったことを話した。私の胸には更に悲痛が増してきた。それでは早く入籍させなければならない。しかし入籍は犯罪事蹟を判明させるのである。彼女の結婚は親許の媒酌《ばいしやく》であったから、前科なぞを知らせては無い筈だ。それにまた彼女は相当の資産を持つ土着農家の娘であって、学校を卒《お》えると直ぐに世間に有《あ》り触《ふ》れた嫁入り支度の見習奉公と云うので、東京へ出て居た間の出来事であったから、村内の人々も知らない筈だ。そこで入籍させると、これに添えてある犯罪人名簿が前科の始末を物語る訳になるのである。

二　五円の盗みでも

全体彼女の犯罪と云うのは、彼女が出京後二、三の雇い主を更《か》え、最後に落ちついたのが富有な支那人の家庭で、禍《わざわい》はここに待ち伏せられてあったのである。ある日夫人は手函の中から五円紙幣一枚を失ったので、たちまち嫌疑を下女の上に掛けて告訴した。素より覚えなき身の少女は確《し》かと無実を言い張ったが、頑冥な雇い主のために結局はよくある係刑事の甘《かん》手段《しゅだん》に乗って、犯行は微少であり、被害者は支那人のことだから、素直に盗んだと自白して裁判所に出れば直ぐ放免になる。当方からも事情はよく報告してやると、云うような教えに動かされ、数日の拘禁に怖《おそ》れ慄《おのの》いていた少女は、刑事の云うがままに犯罪行為を偽証したのである。結果は窃盗犯として、重禁錮一ヶ月監視六ヶ月の処刑を科され、哀れ前科者の烙印《やきいん》は、この可憐な少女の額に永久不滅に焼きつけられたのである。

彼女は前年の保護者たる私の前に、婚家の事情、資産状態から家庭の親密和合、親族間の交際に至るまで、事細かに物語るのであった。それは事態が入籍を必要とする説明であり、更に哀れな訴えであった。素より私にも妙案はなかったが、

『わたしが里方の役場と、こちらの役場へ出掛けて、村長さんと戸籍主任によく事情を打ち明けて、犯罪通知の移牒を更に秘密の公用取扱いに願って、一切の漏れないようにしよう。』

と献策して見たが、助役が彼女の夫の叔父であり、村長は助役の実権下にある実状では、私の妙案も遂に価値なきものとされる外なかった。彼女の困憊《こんぱい》は極度に達したのである。

『それでも子供も出来、年月も経ってお互いの心も解けたこの頃だから、事情を私が説明に行こう。』

と慰めたが、村中での正直者と評判されている夫は、決して前科者を入籍させることに承諾しないと弁じ、ただ助けを乞うて歎《たん》ずるのみであった。助けたいにも方法のない。私は更に途方に暮れた。

三　未練を残して御相談に

最後に彼女は涙を拭い、口籠る口調で、

『今日も籍の話が出ました。もう私はこのまま家には帰れません。覚悟を極めて居ります。だけれど折角出来た子供を暗《やみ》から暗《やみ》へ通れて行くことの不憫《ふびん》が、私を死に切らせません。もう一度旦那様に御目に掛ってと思って、今日は品川から乗り越してまいりました。』

と声を放って泣き伏した。夜も更けるので、私の宅へこのまま止める訳にもゆかず、色々と宥《なだ》め力をつけ納得させて、私は同行して婚家の近くまで送り届けた。

その後色々と心配してやったが、その間に叔父は助役を罷《や》めた。従って双方の村役場に交渉し、依頼して、秘密裡に転籍を了した。彼女は今三人の母となり、無事に繁栄して暮しているが、彼女の額の前科と云う烙印《やきいん》は依然として拭われずに居る。彼女の胸には寸刻の安息もない。表面の生活は如何に華やかに見えても、彼女には常に暗い蔭が生涯つき纏《まと》っているのである。社会はどうしてこうまで弱き者をなお虐げるのであろうか。（完）

臨終の感謝

十万。それは美しい色香と、人並み優れた悧怜《りこう》さを種に、万はおろか五万六万、否な十万でも引けると云うところから綽名《あだな》を取った万引女。しかも彼女の才幹は裁縫囚の首座を占め、女監取締を凌ぐ権勢を持ち、昔伝馬町揚り屋入り女牢の牢名主をも偲ばせた明治の怪女賊。

釈放期日も程近くなった一日、彼女が放免調べの答えによって、

『今度は屹度《きっと》改心しますから、神田の原さんの所へ引取りを附けて下さいと寝惚《ねぼ》けたようなことを云っていますが、保護してやりますか。あいつは賞与工金も沢山ありますし、知人も多勢あるのに……。』

と、いわゆるオヒャラかした紹介は、監獄から掛った電話であった。

その釈放の朝、私の事務室の縁先へ顕《あらわ》れた姿に、私はまず以て度胆を抜かれた。

『ごめんあそばせ』と、初対面の挨拶もいと淑やかに、小ざっぱりした銘仙《めいせん》の二枚重ね、

襦珍《じゅちん》と黒襦子《くろじゅし》の昼夜帯《ちゅうやおび》を締め、肩のあたりで滑り落ちそうになった黒縮緬《くろちりめん》の羽織のうえには、漆のような黒い洗い髪が房々と垂れかかっていた。彼女は、ちよっと体を引き起こし、私を瞰《み》あげながら、にっこり笑うと薄化粧にほんのり指した頬紅がひとしお艶めかしかった。

こうした彼女の懺悔話によると、その新しい心には二つの動機が見えて居た。一つは母性愛、一つは求道であった。

彼女は先に一女を上げた。しかしその子供が三歳の時夫に死に別れて以来、人手に育てさせ、自分は奉公に出て泥水を泳いでいたが、母性愛の本能は、今度の在監によって蘇り、遂に改過遷善を促したものである。のみならず基督教《キリスト》の声を塞いである獄舎に居りながら、どうして彼女は基督教を求めるに至ったか。

それは、京阪の監獄に服役していた累犯の女囚で、かって神戸監獄に居た頃、借りて読んだ書物の中に「二青年」と題する、渡辺亀吉と今一人（現存の人）の悪少年の改心した美談があったのをおもい出し、ある日その話を聞かしたのに感激し、遂に基督の救いを求めに来たのであった。

私は快くこれを受け容れた。彼女は深くこれを感謝し、携えてきた囚役工金（その頃では珍しい多くの金）を取り出して、私に託そうとした。しかし私は、

『あなたは自分で金の始末の出来る人だ。私に金の世話なんかさせなくとも可《い》い。あなたの心意気でどうでもよいではないか。』

こういうと、彼女は暫く首をうなだれて緘黙《かんもく》して居たが、

『ごめんあそばせ。どうも粗鹿《そそう》を致しました。』

彼女は、私の言葉を聞いて、いかにも自分の人格を認めて貰えたような、一種いうべからざる嬉しい、そして感謝の表情を示すのだった。

彼女は、それから暫くの間、私の家で家事の手伝いをしていたが、その後奉公に出た。それから二、三軒転々してから落ちついたある奉公先の家の少年が、肺病になったので、その看護かたがた、ある海辺の転地療養に附き添って行くこととなったが、不幸にしてその少年

は遂に死亡した。その時息子の臨終まで尽くしてくれた彼女の親切な看護に感じた主人は、その知り合いで配偶者を要する勤め人があったので、自ら親許となってその人と結婚せしめた。彼女もようやく安心して娘をも引き取り、本所で親子三人綺麗な家に楽しい家庭を営むことになった。それからは私の家庭に用のある時は、何時もその娘を連れて訪れ、気持ち良く手伝うてくれた。

その後彼女はかりそめの病から遂に六、七ヶ月間床に就き、衰弱は日に加わりて再び起てなくなった。その間私も度々見舞うてやって居たが、ある宵、少女が自働電話でこの五、六日阿母《おっか》さんは幾度も幾度も旦那様旦那様と云って居ります、と告げて来た。その泣き声は将《まさ》に私の訪問を求めるようであった。私は直ぐに彼女を病床に訪ねてやった。

彼女は非常に喜んだが、もうその時は自分一人では頭が上がらなかった。

『あいにく主人は今晩宿直で留守ですが、どうぞゆるゆる神様のお話を聞かせて下さい。』

そして少々に云い付けて茶菓子を買いに出そうとした。少女は、

『中村屋は遠いから、近い松月堂《しょうげつどう》でいいでしょう。』というと、病人は強いて遠く離れた中村屋へまで買いにやった。

『どうぞどうぞ』と請うがままに、私は病床に近づいた。彼女は瘠せた両腕を引き立てて、藻搔《もが》き藻搔き私の掌をしっかり握って胸に押し当てた。

私もいささか恐縮したが、熱の高い彼女の胸間《きょうかん》は火焔《ほのお》のようにあつかった。彼女は疲れ切った声で、

『旦那様、私は死ねません。私の罪がどうしても私を赦してくれません。この四、五日は幾度も幾度も明るい天国へ這入れるとおもって、嬉しく、安らかな気持ちになったかと思うと、その傍からまた罪が私を責め、総べてがまた真暗になってしまいます。どうしても私は死ねません。』と、歯がみをして泣き伏し、私の掌に力強く縋った。私はこれまで保護してやった人々の死別に、こうした悲愴な気持ちを唆《そそ》られた経験が幾度もあったので、静かに祈り、おもむろに説き、基督の贖罪《とくざい》を教え、而して再び厳かに祈った。終わって後、彼女はしずか

に、

『ア、解りました解りました。神様は私の罪を赦して下さいました。有《あ》りがとうございます。もう私は神様の御側《おそば》へゆかれます。』と、涙に咽《むせ》び、喜びの表情を以て、彼女は再び私に問うた。

『あの子の籍は入れられませんかねえ。やっぱり私の籍をいじると赤い札を見られるでしょうねえ。』

そういう彼女の声は、力なくふるえていた。私は彼女の傍に近づき、

『御規則では秘密取扱いにしてあるのだが、どうもそこが旨くばかりはゆかないので、わたしも幾度か血の涙を出させられたことがあります。』

『それでは神様は私の罪を赦して下さっても、御上では赦して下さらないのですかね。』

『今の御規則では懲役は免《ゆる》されても、罪は赦されないのだよ。』

『これだけ私が改心して、正直正道にして来ても、御上では私の罪を赦して下さらないの

ですかねえ。御上ではねえ御上ではねえ。』と、声を挙げて泣きわめいた。
時しも少女は菓子の袋を携えて帰って来た。
その夜の明け方彼女は遺恨《いこん》の炎に胸を燃やしながら天国へ旅立ったのである。（完）

[著者]：原　胤昭（はら・たねあき）

社会事業家、教誨師、「免囚保護の父」。江戸南町奉行所で与力を務め、石川島人足寄場などで働いた。明治期になり、築地英学校に入学。クリストファー・カロザースから受洗し、東京第一長老教会の設立会員となる。そこで日本で初めてサンタクロースを演じた。また、日本最初のキリスト教書店・十字屋（今日の銀座十字屋）および原女学院（日本女子大学の前身の一つ）を設立。福島事件に際し、その指導者の錦絵を出版したために出版条例違反で石川島監獄に収監。獄中の非人道的な環境に疑問を抱く。出獄後、日本で最初のキリスト教の（信徒）教誨師となる。東京出獄人保護所、中央慈善協会を設立。一万三千人の出獄人を保護した。さらに日本で初めて本格的に児童虐待の問題に取り組み、児童虐待防止協会を設立。家庭内の虐待と児童労働による酷使の双方の解決に尽力した。元和の大殉教で処刑されたヨハネ（ジョアン）原胤信（主水）の大叔父の子孫にあたる。(1853-1942)

日本《にほん》の司法福祉《しほうふくし》の源流《げんりゅう》をたずねて 3

ひしがれたる者《もの》の呻《うめ》き

平成28年6月23日初版第一刷発行
著　者：原《はら》 胤昭《たねあき》
発行者：中野 淳
発行所：株式会社 慧文社《けいぶんしゃ》
〒174-0063
東京都板橋区前野町4-49-3
〈TEL〉03-5392-6069
〈FAX〉03-5392-6078
E-mail:info@keibunsha.jp
http://www.keibunsha.jp/
印刷所：慧文社印刷部
製本所：東和製本株式会社
ISBN978-4-86330-164-1
落丁本・乱丁本はお取替えいたします。　(不許可複製)
本書は環境にやさしい大豆由来のSOYインクを使用しております。